LA RIG-VÉDA ET LES LIVRES SACRÉS DES HINDOUS

THÉODORE PAVIE

FV ÉDITIONS

TABLE DES MATIÈRES

LA RIG-VÉDA ET LES LIVRES SACRÉS DES HINDOUS

LA RIG-VÉDA ET LES LIVRES SACRÉS DES HINDOUS

PREFACE

Il y a plus de trois mille ans, un petit peuple pasteur et guerrier, parti selon toute apparence des plaines situées entre la Mer-Caspienne et le lac Aral, descendait des froides régions de la Haute-Asie, en s'avançant vers les belles contrées arrosées par l'Indus, le Gange et la Djamounâ. Ce petit peuple, c'étaient les Aryens. Poussés par l'instinct de la migration, ils marchaient résolument à la recherche d'une terre promise, d'une nouvelle patrie, dans laquelle les premiers historiens grecs, antérieurs d'un et deux siècles à l'expédition d'Alexandre, nous les montrent établis sous le nom d'*Indiens* ; mais ces Indiens, qui se nommaient eux-mêmes les hommes vénérables, *âryas*, ne formaient que l'un des trois rameaux de la grande famille asiatique, iranienne ou aryenne, dont les plaines de la Chaldée avaient été le berceau. Des deux autres branches, l'une demeura sur le sol natal : ce fut le peuple zend, d'où

sortirent les Mèdes et les Perses ; l'autre donna naissance aux nations qui, s'écoulant par le Caucase et
suivant les deux rives de la Mer-Noire, occupèrent
l'Asie-Mineure et se répandirent dans toute l'Europe :
ce furent les Grecs, les Romains, les Celtes, les
Germains, les Slaves, etc. Voilà en deux mots l'histoire
de la race japhétique, de ces descendants du second fils
de Noé dont la Bible a dit en termes si précis : « C'est
d'eux que sont issus les peuples les plus éloignés, qui se
sont répandus dans leurs pays divers, chacun avec son
langage et ses familles, et qui formèrent des nations[1]. »
Ces paroles du livre saint, encore plus vraies pour
l'avenir que pour le passé, la philologie les a pleinement
confirmées. N'a-t-elle pas mis en parfaite lumière le
lien qui unit entre eux tous les idiomes anciens et
modernes parlés par les peuples des trois rameaux de la
race aryenne ?

Ces affinités n'existent pas seulement dans le
langage. Quand on commença à étudier la littérature
sanscrite, on retrouva entre le génie de ces nations
asiatiques et celui des peuples de l'Occident des
rapports non moins frappants. Chez les Aryens de
l'Inde, on remarqua cette tendance à réfléchir et à rêver
qui produit la philosophie et la poésie, cette vivacité
d'imagination qui est propre aux peuples japhétiques.
Comme les plus célèbres nations de l'ancien monde, ils
avaient eu l'honneur d'implanter une civilisation au
milieu de tribus barbares, d'imposer leur langue aux
vaincus. Autant que les Grecs, ils eurent le sentiment
de leur supériorité intellectuelle ; fiers de leur race,

comme les Romains, ils étendirent leur domination jusqu'aux limites du monde qu'ils connaissaient. Par malheur, aucun élément nouveau, aucune idée régénératrice ne vint retremper les Hindous séparés des grandes nations qui accomplissaient à leur tour de brillantes destinées. Énervés par un long séjour dans des climats trop favorisés du ciel et mêlés par la suite des temps aux races indigènes, ils ne surent point résister aux attaques fougueuses de l'islamisme. Il y a huit siècles déjà que l'ère de la décadence a commencé pour eux, mais ils ont conservé avec un soin jaloux leurs traditions religieuses. Au moment où, sous l'influence d'une conquête de plus en plus complète et sous l'empire des idées nouvelles qui pénètrent à leur insu les plus vieilles nations de l'ancien monde, ces traditions couraient le risque de se perdre, l'Europe elle-même, représentée par quelques savants anglais dont les noms ne périront pas, — William Jones, Colebrooke, Wilkins et d'autres, — Prit sous sa protection les monuments les plus vénérés de la littérature sanscrite, et les brahmanes, dépositaires des textes anciens, consentirent à initier aux secrets de leur idiome sacré ces Européens dont le caractère honorable et l'ardeur pour l'étude leur inspiraient une entière confiance.

L'effet que produisirent sur ces esprits d'élite les premiers pas qu'ils firent dans le vaste domaine des études indiennes est surtout visible dans les brillants discours de sir William Jones et les profondes recherches de Colebrooke sur la philosophie des Indiens. Ces deux hommes éminents eurent le pressentiment des grandes découvertes réservées à ceux qui suivraient leurs traces. Ils furent les véritables conquérants de l'Inde ancienne, et on leur doit en grande partie ce qui s'est fait depuis eux, car ils ont retrouvé un monde oublié. On ne peut donc s'empêcher de se retourner vers eux et de les saluer d'un souvenir reconnaissant à la vue des publications magnifiques dont l'Angleterre a doté l'Europe savante depuis cinquante ans. Le texte des lois de Manou, imprimé deux fois à Calcutta avec un commentaire et traduit par W. Jones, avait fait connaître l'organisation de la société aryenne, divisée par castes dix siècles avant notre ère, à l'époque où le brahmanisme brillait du plus vif éclat, dominant la royauté de toute la hauteur qui élève le pouvoir spirituel au-dessus de la puissance temporelle. Les grandes épopées, le *Mahâbhârata* et le *Râmâyana*, l'Iliade et l'Odyssée de ces peuples adorateurs des héros[2], publiées en entier, la première à Calcutta par les soins du comité d'éducation, la seconde à Paris par M. G. Gorresio de Turin, donnèrent la mesure du génie poétique des Indiens, Dans les deux *pourânas* récemment traduits par MM. E. Burnouf et H. Wilson[3], on eut deux spécimens fort curieux de ces recueils immenses, un peu informes, pareils aux dépôts d'alluvion, dans lesquels se sont accumulés tous les récits mythologiques, toutes les légendes qui ont cours dans le monde des Hindous, compositions bizarres où le dogme et la poésie se prêtent un mutuel secours pour donner une âme aux objets sensibles et revêtir d'un corps les abstractions de la métaphysique.

La philosophie spéculative et la philosophie dogmatique, le drame, l'apologue cher aux Orientaux, la chronique merveilleuse ont eu aussi depuis longtemps leur place parmi les publications auxquelles l'Angleterre, la France et l'Allemagne prennent part avec une si noble émulation. Cependant il y avait encore une conquête à faire dans le domaine des études indiennes. Tant que les quatre *Vêdas* ou livres sacrés restaient à l'état de manuscrit entre les mains des brahmanes ou dans les bibliothèques de l'Inde et de l'Europe, il était difficile, pour ne pas dire impossible, de se faire une idée du premier âge des peuples hindous. On avait beau rechercher leurs origines dans les poèmes et dans les recueils de lois ; le passé reculait toujours, et la vérité historique, enveloppée dans des mythes nuageux, s'évanouissait comme les illusions causées par le mirage. Désormais les Védas ont été publiés et traduits presque en entier ; on a remonté jusqu'à sa source ce fleuve majestueux et profond de la littérature sanscrite. C'est donc de ces importants travaux que nous voudrions parler, de manière à être compris de tout le monde, et en insistant particulièrement sur le *Rig-Véda*, qui est le sujet de cette étude.

---

1. Genèse, chap. 10, verset 5, traduct. de MM. Glaire et Franck.
2. Voyez sur le *Râmâyana la* Revue des Deux Mondes *du 15 septembre 1847.*
3. Le Bhâgavata-Pourâna a été publié, texte et traduction, Jusqu'à la fin du neuvième livre. La mort, qui a surpris l'auteur au milieu de ses travaux, l'a empêché de terminer ce grand et bel ouvrage. La préface, placée en tête du premier volume, est un de ces morceaux pleins d'érudition et de vues nouvelles, écrits dans

un style large, clair, d'une hante élégance, comme M. E. Burnouf savait les composer. M. le professeur Wilson a accompagné sa traduction du *Vichnou-Pourâna* d'une foule de notes savantes qui en sont le commentaire perpétuel. — On peut voir sur le *Bhâga-vata-Pourâna* la *Revue* du 15 novembre 1850.

1

Lorsque les Aryens arrivèrent sur le sol de l'Inde, leur religion était une espèce de sabéisme ; ils rendaient un culte à la nature divinisée. Telle fut aussi la religion des Chaldéens, des Perses et de la plupart des peuples anciens. Après avoir adoré Dieu dans ses plus éclatantes manifestations, l'homme oublia bientôt le Créateur suprême que ses yeux cherchaient vainement à travers le ciel. Il adressa ses prières aux éléments, qui sont des puissances en comparaison de sa faiblesse ; il invoqua les corps célestes, qui règlent les saisons et marquent le temps. Cet obscurcissement de l'intelligence humaine, cette substitution du culte des puissances naturelles à l'adoration d'un Dieu unique, fut comme le premier pas que faisaient les nations primitives vers le polythéisme après la dispersion des enfants de Noé. Partagés en familles ou tribus qui devaient bientôt devenir des peuples, les Aryens, à l'époque reculée où nous nous plaçons, n'avaient point encore rempli leur olympe d'une myriade de divinités étranges et bizarres. La Terre, qui produit et alimente les objets propres aux sacrifices, fleurs et fruits, troupeaux et céréales ; l'Eau, qui rend la Terre féconde ; les Vents, qui règlent les saisons en exerçant leur influence sur la température ; le Feu, emblème de la force, qui dévore l'offrande et nourrit les dieux ; les Crépuscules du soir et du matin (les *Açvins*, jumeaux), qui servent à marquer l'heure de la prière ; la Lune, que les poètes remercient de ce qu'elle éclaire sans chaleur ; l'Aurore, symbole du réveil de la nature ; enfin les mânes des ancêtres (*pitris*) qui réclament leur part du sacrifice, — tels furent les premiers objets de la vénération de ces tribus émigrantes. Le culte qu'elles rendaient à ces divinités consistait en sacrifices, en prières et en hymnes chantés durant les cérémonies. L'ensemble de ces cérémonies fut réglé par les *Védas*, qui se partagent en quatre parties : le *Rig-Véda* ou livre des hymnes, le *Yadjour-Véda* (Blanc et Noir), que l'on peut appeler un rituel, et qui contient les formules propres à être récitées pendant la célébration des sacrifices ; le *Sâma-Véda*, recueil d'hymnes et d'invocations empruntées au *Rig* et au *Yadjour* ; enfin l'*Atharva-Véda*, plus récent que les trois autres, renfermant les formules d'incantations, d'exorcismes et d'imprécations.

Sur les quatre *Védas*, il en est un qu'il convient de laisser de côté, le quatrième et dernier, parce qu'il est le produit, non de l'inspiration religieuse des Aryens, mais de la colère, de l'esprit de vengeance et de la superstition des brahmanes. Le troisième disparait devant les deux premiers, dont il est sorti. Le second est d'une grande importance ; il paraîtrait même que jadis son nom (*Yadjous*, du radical *yadj*, sacrifice) s'appliquait à l'ensemble des quatre *Védas* réunis en un seul ouvrage qui comprenait les préceptes, les prières, les formules et les hymnes[1]. Lorsque la division actuelle eut été établie, chacun des quatre *Védas* fut représenté dans les sacrifices par un prêtre particulier. Au directeur du sacrifice (*adhvaryou*) il appartint de réciter les prières du *Yadjous* ; l'officiant (*hotri*, celui qui présente l'offrande) chanta les hymnes du *Rig*, en répandant sur le feu les libations ; le chantre (*oud-gâtri*) répéta à haute voix et sur un ton modulé les chants du *Sâma*, et un brahmane choisi dans l'assemblée prononça des incantations empruntées à l'*Atharvan*.

Si l'esprit même de la religion des temps védiques se trouve caché dans les chants du rituel ou *Yadjour-Véda*, — et pour qu'on puisse le savoir, il faut attendre que M. le docteur Albrecht Weber, de Berlin, en ait achevé la publication et traduit le texte, — le sentiment religieux et guerrier des peuples aryens éclate tout entier dans les hymnes du *Rig-Véda*. La première divinité qu'ils invoquent, c'est *Agni*, le Feu.

« Je chante Agni, le dieu prêtre et pontife, le magnifique, — Agni héraut du sacrifice. — Qu'Agni, digne d'être chanté par les *richis* (sages) anciens et nouveaux, rassemble ici les dieux. — Que par Agni l'homme obtienne une fortune sans cesse croissante, glorieuse, et soutenue par une nombreuse lignée. — Agni, l'of-

frande pure que tu enveloppes de toutes parts s'élève
jusqu'aux dieux...[2] »

Dans ces simples paroles qui commencent le
premier des mille et quelques hymnes du *Rig-Véda*, il y
a plus d'idées que de mots. Agni — *Ignis* — est prêtre et
pontife, puisque c'est lui, le feu, qui reçoit l'offrande et
la présente aux dieux. Par l'éclat de sa flamme, il
proclame le sacrifice ; il est comme le phare, le signal
étincelant vers lequel s'empressent d'accourir, pareilles
à des oiseaux affamés, ces pauvres divinités avides de
manger les oblations. Quand l'homme a su se rendre
propice celui qui est le *pontife*, — les prêtres le
nomment plus énergiquement la *bouche des dieux*, —
n'est-il pas assuré de voir arriver entre ses mains tous
les dons de la fortune ? Sa gloire brillera sur la terre ; il
aura des enfants qui à leur tour offriront des sacrifices
à ses mânes. Enfin ne semble-t-il pas que l'officiant,
après avoir jeté dans les flammes le beurre clarifié, le
regarde avec une confiante admiration s'élever vers le
ciel, enveloppé dans ce même feu qui monte dans l'air
au milieu de la fumée, comme le soleil avec son
cortège de nuages dorés ? Puis voyez comme cette
flamme, qui brillait d'abord sur l'autel sous une forme
restreinte, s'élève, s'agrandit, et prend tout à coup des
proportions gigantesques. « De larges rayons, brillants
comme des éclairs, enveloppent Agni, centre des clar-
tés ; le centre où il repose est comme la caverne (du
lion), et ses flammes y puisent d'immortels aliments,
de même qu'au sein d'un volcan profond. » Dans ces

deux exemples, il y a une grande différence de ton ; Agni, présenté d'abord comme l'esprit divin absorbant l'offrande, apparaît ici comme le symbole abstrait du feu, redoutable, puisant sa force en lui-même. C'est ainsi que dans la poésie indienne les images se succèdent, se pressent, se croisent comme des éclairs à travers le ciel. Chaque phrase renferme un sens allégorique ; chaque allégorie se transforme bientôt en légende. De ce que le Feu est honoré le premier dans les hymnes du *Rig*, les commentateurs vont conclure qu'il est le premier et le dernier, l'*alpha* et l'*omega* du bataillon divin ; il est l'Olympe tout entier, il conduit les divinités en qualité de chef, que dis-je ? de général d'armée (*sénapati*), et le voilà doté d'un char ! «Agni, sur ton char bienheureux, amène les dieux ! » Puis le chantre inspiré, après avoir lancé ces accents énergiques qui expriment si bien une ardente prière, s'adresse à ceux qui pratiquent la cérémonie sous sa direction :

« Mortels éclairés, étendez le gazon sacré ; qu'il soit arrosé de beurre à l'endroit où les dieux vont venir prendre leur ambroisie. — Qu'elles s'ouvrent, les portes divines (de l'enceinte sacrée) que le sacrifice sanctifie, qu'elles s'ouvrent aujourd'hui pour la pieuse cérémonie. — J'appelle à ce sacrifice la belle Nuit et la belle Aurore. Qu'elles viennent toutes deux prendre place sur cette herbe *couçâ*[3] ... Que les trois déesses qui apportent la joie, Ilâ, Sarasvati et Mahî, daignent sans crainte s'asseoir sur ce *couçâ*. — J'appelle ici le grand *Tvachtri,* qui sait revêtir toutes les formes ; qu'il soit notre ami... »

Quelle douce piété, quelle foi sincère dans ces invocations ! On croit voir les dieux arriver sans bruit avec leurs grandes ailes, et prendre place au banquet. Il n'y a pas de temples ni de pagodes ; l'autel est un tertre de gazon environné d'une enceinte autour de laquelle siègent les officiants et la famille qui, par leurs mains, présente les libations aux divinités. Les trois déesses nommées ensemble par le poète sont trois sœurs, trois muses, comme diraient les Grecs, les personnifications de l'hymne, de la parole et de la récitation. Certes il avait le sentiment de la beauté de son langage, le peuple qui divinisait tout d'abord la poésie sous la triple forme du vers, du sens des mots et de l'harmonie de la diction. Quant à *Tvachtri,* nommé *Viçvakarmâ* (celui dont les œuvres sont variées), charpentier divin, artiste du monde des dieux, il fait le pendant du Vulcain de la fable. Plus habile encore que le forgeron boiteux, fils de Junon, il a fabriqué non-seulement la foudre, mais aussi les chars invisibles qui transportent les habitants des cieux au gré de leurs désirs, et aussi vite que la parole. C'est lui encore qui soutient, en la réparant à propos, la charpente de ce pauvre monde éprouvé par tant de cataclysmes. Qu'on ôte à ce dieu ses marteaux et son enclume, qu'on lui enlève sa physionomie humaine, et il sera l'une des formes du feu, celle qui met en fusion les métaux, la chaleur répandue dans l'air et cachée dans les entrailles de notre globe.

Agni, le feu, qui est le plus impalpable, le plus mystérieux et le plus puissant des éléments, devait occuper la première place parmi les dieux des Aryens. Après lui vient Indra, divinité multiple aussi, tantôt armé de la foudre comme Jupiter, tantôt décochant à travers l'espace ses traits vainqueurs, comme Apollon. À quelle occasion Indra saisit en main le tonnerre pour la première fois, une antique légende, rapportée dans le *Mahâbhârata*, le raconte dans un style grandiose. Il est nécessaire de connaître ce mythe pour comprendre le rôle d'Indra, et nous essaierons d'en donner une esquisse, en réduisant aux proportions d'un récit abrégé ce long épisode de la première guerre des dieux contre les titans.

Dans le premier des quatre âges du monde vivaient les *Dânavas* ou Titans, bien difficiles à vaincre par les armes ; on nommait aussi *Kâléyas* (les noirs, fils de Kali, l'âge de fer) ces troupes d'êtres grandement redoutables. Or, s'étant mis sous la conduite de leur chef Vritra, et tenant en main des armes de toutes sortes, ils se ruèrent tous ensemble contre les dieux, qui avaient Indra à leur tête. Plusieurs fois déjà les dieux avaient fait des efforts pour vaincre ce démon, et ne pouvant y réussir, ils allèrent, précédés d'Indra, trouver le dieu suprême et créateur, Brahma. Le dieu qui se tient au plus haut des cieux, les voyant tous inclinés devant lui, leur dit : « Je connais parfaitement, ô Dévas, l'œuvre que vous désirez accomplir. Allez trouver un sage austère nommé Dadhitchi, plein de générosité, et dites-lui : Donne-nous tes propres os pour le bien des trois mondes ! » Les Dévas arrivent près de l'ermitage du saint, qui vivait en solitaire au milieu des oiseaux au doux chant et au brillant plumage, parmi les gazelles et les bêtes fauves habituées à rester en paix sous l'œil du sage. À la demande que lui firent les dieux, celui-ci répondit : « Je vais faire ce qui vous est utile à l'instant même. » Et il abandonna son propre corps. Alors les immortels prirent les os du sage expirant, et, le visage joyeux, ils les donnèrent à Tvachtri en disant : « Polis cela ! » L'artisan divin se mit à l'œuvre ; avec les os du sage il fabriqua la foudre, puis la remit à Indra en disant à son tour : « Avec cette foudre, ô Indra ! réduis en cendres aujourd'hui même ce terrible ennemi des dieux !... »

N'y a-t-il pas autant de grandeur que de simplicité dans ce début ? Les Grecs, qui prêtaient à leurs dieux toutes les faiblesses de l'humanité, afin de se les mieux pardonner à eux-mêmes, les Grecs voluptueux, amis du beau, du bien-être, de tout ce qui flatte l'esprit et les sens, n'auraient jamais inventé le vieux solitaire sacrifiant sa vie pour le salut des dieux et des hommes. Le sage Dadhitchi est plus qu'un stoïcien ; il y a en lui quelque chose qui va presque jusqu'à l'abnégation chrétienne. La mythologie ainsi entendue s'élève jusqu'à la philosophie la plus haute. Le génie indien n'a-t-il pas compris, et la légende ne dit-elle pas clairement qu'il y a dans les saints une vertu qui peut seule dompter les démons ? L'homme déchu, quand il est purifié de ses fautes, quand il a renié la corruption, sort volontiers et sans regret de son enveloppe mortelle et s'envole vers

Dieu. La suite de l'épisode présente des beautés d'un autre ordre, et nous la donnons en entier.

« Donc, armé de la foudre, bien soutenu par les déités puissantes, il (Indra) attaqua Vritra qui se tenait dans le ciel en l'enveloppant, Vritra que les fils de Kali, avec leurs grands corps, protégeaient de toutes parts avec leurs armes levées et pareilles à des montagnes aux pics aigus. — Alors les Dévas soutinrent contre les Dânavaa (Titans), pendant quelque temps, un combat immense et qui épouvantait le monde. — Les glaives que les bras des héros tenaient levés et qui s'entrecho-quaient faisaient un grand bruit, et aussi résonnaient en tombant avec force sur les corps, — et les têtes qui tombaient du haut du ciel jonchaient le sol de la terre, qui semblait couverte de feuilles de palmier arrachées à leurs tiges ! — Avec leurs armures d'or, ces fils de Kali, tenant en main des massues, se répandaient en torrents sur les Dévas, comme les arbres d'une forêt en feu. — De ces Titans qui couraient si rapidement, les dieux ne purent supporter le choc, plus impétueux qu'on ne saurait l'imaginer, et mis en déroute, ils s'en-fuyaient d'épouvante.

« Or, les voyant fuir effrayés par centaines de mille, et comme Vritra grandissait toujours, Indra fut pris d'une grande faiblesse ; — la peur du noir démon lui causait tant de frayeur, qu'il tremblait, le dieu Indra, et il alla au plus vite vers le seigneur Nârâyana[4], son refuge ; — et, ayant vu Indra pris de faiblesse, Vichnou, qui est impérissable, le pénétra de sa propre splendeur, augmentant ainsi la force du Déva. — Quand ils virent qu'Indra était ainsi revêtu de la puissance par Vichnou, les dieux des diverses classes réfléchirent tous sur cet éclat, qui brillait en lui… — Quand il reconnut que le chef des Dévas était plein de force, Vritra poussa un très grand cri dont le bruit traversa la terre, les points de l'horizon, l'espace lumineux et le firmament de toutes parts. —De son côté, le grand Indra fut saisi de fièvre en entendant ce cri grand et terrible. Tout en proie à la terreur, il lâcha cette foudre formidable destinée à tuer l'en-nemi, — et, frappé par la foudre d'Indra, il tomba, le grand démon qui portait la guirlande d'or… — Ce chef des Titans étant tué, Indra, tout craintif, courut dans l'eau pour s'y cacher. Il ne se figurait pas que la foudre fût partie de ses mains ; il avait eu si peur, qu'il ne supposait pas que Vritra fût tué. — Tous les Dévas, dans leur joie,… célébrèrent Indra, tandis que les autres immortels réunis tuaient sans relâche tous les démons dévorés de chagrin par suite de la mort de Vritra. »

Arrêtons-nous ici. Ce qui reste de démons se précipite au fond de la mer, comme après l'orage les grosses nuées qui avaient de toutes parts escaladé le ciel tombent en pluie et retournent par les fleuves à l'océan, quand la foudre les a brisées et vaincues. Telle est l'image réelle qu'il faut chercher dans cette légende, soit qu'il s'agisse des ténèbres passagères produites par un orage de la mousson, ou des ténèbres primitives que l'esprit de Dieu dissipa en prononçant le *fiat lux*, Indra, ainsi pénétré de la puissance de Vichnou, devient tout simplement l'air saturé de l'électricité répandue dans tous les corps. Quand il tremble au fracas de cette foudre échappée de ses mains et dont il ignore les effets, le chef des Dévas, le glorieux Indra disparaît ; on ne voit plus que la personnification du firmament, le ciel ébranlé et comme frappé de terreur par les éclats du tonnerre qui ébranle les voûtes célestes, le Jupiter atmosphérique dont parle Ennius :

> Aspice hoc sublime candens quem
> invocant omnes.

Mais tout aussitôt le poète lui remet au front la divine auréole, et le place, de nouveau à la tête des autres dieux qui célèbrent sa victoire. C'est sous cette dernière forme aussi que l'adoraient déjà les Aryens. Ils le regardaient comme leur dieu protecteur par excellence et invoquaient son appui par des hymnes du ton de celui-ci :

« Ô Indra, viens à notre secours ! donne-nous de l'or ; l'or procure l'opulence, la victoire, la force constante et durable. — Avec l'or et protégés par toi, nous pouvons repousser nos ennemis et à pied et à cheval. — Protégés par toi, ô Indra, nous prenons nos armes, auxquelles tu donnes la force de la foudre, et nos ennemis sont vaincus dans le combat. »

L'or fascine déjà le regard des Aryens ; ils voient dans ce métal étincelant le symbole de la force autant que celui de la richesse. Ce qu'ils demandent surtout, c'est la faveur propice du dieu qui règne sur le firmament, qui déroule les nuées à son gré et rend aux horizons leur sérénité troublée par les orages :

> « Avec l'empressement qui pousse le coursier vers la cavale, qu'Indra vienne prendre les copieuses libations que le père de famille a versées dans les coupes. Que le grand dieu avide de nos offrandes arrête ici son char magnifique, tout resplendissant d'or et attelé de deux chevaux azurés..... — Il est rapide, il est grand ! Dans les œuvres visibles, sa valeur brille d'un éclat irréprochable... Terrible, couvert d'une cuirasse de fer, enivré de nos libations, il va au milieu de ses sujets, dans le lieu où sont enchaînés les nuages, se jouer du magicien *Çouchna*[5]..... — Lorsque tu veux faire retirer les ondes et dans chaque partie du ciel restituer à l'air toute sa pureté, alors, ô puissant Indra, dans ton ivresse qui répand sur nous le bonheur, tu frappes Vritra avec courage et tu nous ouvres l'océan des pluies ! »

Voilà Indra sous sa forme complète de dieu de l'éther : *Jupiter et quandoque pluit, quandoque serenus* ; telle était à peu près l'idée que se faisaient les philosophes et les poètes grecs et romains de l'éther, le premier des dieux, âme universelle tout ignée, pleine de feu, se répandant du ciel sur la terre pour animer la nature, et aussi d'un Jupiter poussant à travers l'espace son char ailé, maître des dieux et vainqueur des élémes. Dans les stances que nous ont léguées les chantres du *Rig-Véda*, on sent comme un flux et un reflux de l'esprit poétique qui monte vers le dieu, le contemple face à face, le dépeint sous des traits nettement définis, puis tout à coup redescend sur la terre, laisse échapper comme une ombre l'image poursuivie et ne saisit plus que les attributs de sa divinité. Le mythe n'est pas encore tout à fait recouvert par la légende, comme dans le *Mahâbhârata*, L'image cependant commence à prendre un corps, les puissances de la nature revêtent des formes humaines et héroïques. Cet autre hymne adressé à Indra fera mieux comprendre notre pensée :

« J'apporte mon hommage au dieu magnifique, grande vrai et fort. Telle que le cours de ces torrents qui descendent de la montagne, sa puissance est irrésistible ; il ouvre à tous les êtres le trésor de sa force et de son opulence. — Ah ! sans doute le monde entier se dévoue à ton culte ; ces libations coulent en ton honneur non moins abondantes que des rivières, quand on voit ta foudre d'or, menaçante, meurtrière, s'attacher sans relâche au corps de Vritra, semblable à une montagne. — Pour ce terrible, pour cet adorable Indra, viens, brillante Aurore, préparer les offrandes du sacrifice ; ce dieu fort, puissant, lumineux, il n'est Indra que pour nous soutenir, comme le cheval n'est fait que pour nous porter. — O Indra, trésor d'abondance et de louanges, nous sommes à toi, en toi nous mettons notre confiance. Les hymnes montent vers toi, et nul autre n'en est plus digne. À toi sont nos chants, de même que tous les êtres sont à la terre. — Indra, ta force est grande, et nous sommes tes serviteurs. Accomplis le vœu de celui qui le chante ; ta force est aussi étendue que le ciel, et cette terre se courbe de frayeur devant ta puissance. — O dieu armé de la foudre, tu déchires avec ton arme les flancs de Vritra, de cette large montagne qui remplit les airs, et les ondes qu'elle retenait par toi ont retrouvé leurs cours. Oui, tu possèdes la souveraine puissance ! »

On peut juger par le ton général des hymnes à Indra que ce dieu était véritablement le Jupiter des Aryens. Pasteurs et guerriers, ces peuples invoquaient avec confiance la divinité bienfaisante qui verse les pluies pour féconder la terre et le dieu héroïque armé de la foudre. Il ne faut pas oublier que les aïeux des Hindous, descendus des plateaux de la Haute-Asie, avaient à lutter sans relâche contre des hordes plus ou moins sauvages qui occupaient déjà les rives des grands fleuves de l'Inde. À chaque page, il est fait allusion, dans les hymnes du *Rig-Véda*, aux races impies qui mettent obstacle à la célébration des sacrifices. Plusieurs de ces chants inspirés sont presque des chants de guerre, ou tout au moins des prières adressées aux dieux pour la destruction des ennemis partout présents que ces tribus émigrantes méprisent et redoutent à la fois ; mais à la différence des peuples qui s'avanceront plus tard vers l'Occident comme un fléau, les Aryens marchent avec l'enthousiasme et le recueillement d'une nation choisie, décidée à protéger contre la barbarie qui l'entoure le dépôt de ses traditions, son culte, sa civilisation naissante. » Ô dieux ! s'écrient-ils, puissions-nous avec votre secours et dans un jour favorable attaquer les armées des impies ! » c'est-à-dire de ceux qui ne font pas de libations. S'adressant aux *Marouts* (dieux des vents) éternellement jeunes, ils diront encore : « Ô Marouts ! accordez-nous une force qui soit stable ; que nos gens soient pleins de force, qu'ils soutiennent les attaques de nos ennemis ! » Ils supplient le Soleil nourricier (*Pouchan*) d'éloigner d'eux « ceux qui s'approchent pour les frapper. » C'est surtout Indra, comme nous l'avons vu, c'est aussi Agni, le feu sous sa forme meurtrière, qu'ils invoquent dans ces stances animées où l'on croit entendre les Aryens pousser un cri de détresse : « Ô Agni jeune et resplendissant, sauve-nous du *rakchasa*[6] ; sauve-nous du méchant étranger à toute générosité ; sauve-nous de l'ennemi cruel et de celui qui veut notre mort ! — Comme le guerrier armé d'une massue, écrase de tous côtés nos vils adversaires, ô toi qui es entouré de rayons brillants ! — Ne souffre pas que nous ayons pour maître celui qui nous hait, le mortel qui aiguise ses traits contre nous ! » — Et ailleurs, reprenant les images d'une poésie plus douce : « O Agni, pour que notre maison traverse heureusement ce monde, tu peux nous donner un vaisseau dont les rames marchent sans jamais s'arrêter, qui transporte à l'abri du naufrage nos guerriers, nos princes, notre peuple ! »

À travers le lyrisme de ces odes, la fibre humaine résonne toujours. Si l'âme a le premier rôle, si c'est elle qui parle et s'exhale en accents inspirés, le cœur fait entendre sa plainte. Le ciel doit être le partage des Aryens après leur mort ; ils iront dans un monde invisible retrouver leurs ancêtres, qui sont presque des divinités à leurs yeux, et cependant ils ne demandent point aux dieux protecteurs cet éternel bonheur de l'autre vie, tant ils sont assurés de l'obtenir[7].

Voilà bien un peuple de croyants qui se fraie la route l'épée à la main parmi les infidèles. Il est sous la colonne de feu, sous la nuée lumineuse. Dans les stances qu'il récite, on sent frémir l'enthousiasme religieux, plus puissant encore que l'instinct guerrier ; s'il a peur quelquefois, il croit et espère toujours. Quand l'ennemi le serre de trop près, il crie vers ses divinités ; les dieux ne sont-ils pas intéressés au triomphe des Aryens qui leur offrent d'abondants sacrifices, qui les nourrissent par de grasses libations, comme le disent les poètes en leur naïf langage ? *Exsurgat Deus* !... Les nations de bonne race et prédestinées à un avenir glorieux ont seules de ces instincts irrésistibles auxquels obéit le dernier pasteur aussi bien que le chef des guerriers. Quand on lit les hymnes du *Rig-Véda*, on croit voir les familles aryennes marcher en phalange serrée, les yeux au ciel, l'arc en main, tantôt combattant sous la protection d'Agni, d'Indra, des Marouts, qui sont comme leurs dieux pénates, tantôt chantant après la victoire les stances qui accompagnent le sacrifice. Chose étrange, c'est la conquête de l'Inde qui s'accomplit durant les intermèdes de ces cérémonies religieuses, et cependant les prêtres élèvent la voix bien moins pour célébrer les actions guerrières des chefs de tribus ou le triomphe de leur race que pour invoquer les dieux amis et tutélaires. De cette conquête elle-même, il n'est rien dit dans les *Védas*. Les noms des chantres inspirés, prêtres ou princes, qui composèrent les hymnes du *Rig* et du *Sâma* ont tous été conservés ; à peine si vous rencontrez çà et là la mention de quelques-uns des rois qui contribuèrent par leur valeur à fonder la nationalité aryenne. On dirait au milieu du désert un autel sur lequel fume le feu du sacrifice ; le prêtre parle et chante, et autour de l'enceinte se tiennent le roi et le peuple, qui répondent à sa voix.

Quels sont les ennemis qui essaient de barrer le passage aux émigrants et sur lesquels le *Véda* appelle la colère d'en haut ? Des barbares errants, des sauvages hideux aux cheveux hérissés, à la peau noire, qui se précipitaient sur les tribus aryennes pendant leurs longues marches, ou les attaquaient à l'improviste dès qu'elles cherchaient à s'établir sur quelque point. Épouvantés et exaspérés par ces actes incessants d'agression, les poètes anciens appellent leurs ennemis du nom de *dasyous*, voleurs, qui signifiait aussi dans leur idée des hommes sans lois, sans rite religieux, plongés dans les ténèbres de l'ignorance, n'offrant aux dieux ni holocaustes, ni libations, des brigands impies. Ils les nommaient encore *rakchasas*, ogres ou géants[8], et long-temps après la conquête ces êtres difformes et cruels, associés aux vampires (*piçâtchas*), aux gnomes (*yakchas*), aux dragons et aux grands serpents, apparaîtront dans les épopées et les drames pour tomber sous les coups des demi-dieux et des héros. À mesure que la superstition créera des dieux nouveaux, à mesure que le ciel se peuplera de *Dévas* parcourant l'espace sur leurs chars divins en compagnie des déesses, la légende inventera des monstres ennemis des hommes, et la terre de l'Inde aura sa *chimère*, son hydre, sa *tarrasque*. Alors naîtront les guerriers, les fils de rois, incarnations des dieux. Rama, les cinq Pândavas, Krichna, Balarâma, etc., qui délivreront le monde de ces génies redoutables, à la manière des paladins et des *caballeros andantes* dont nos aïeux aimaient à redire les exploits merveilleux.

Les Aryens marchent si bien en pays inconnu, suivant le cours des fleuves qui descendent de l'Himalaya, qu'ils ignorent jusqu'au nom des peuples qu'ils traversent comme un vaisseau sillonne les vagues d'un océan nouveau. La confiance qu'ils ont dans la protection de leurs dieux n'exclut point toutefois en eux le sentiment de la crainte. Habitués à vivre dans les plaines, en qualité de pasteurs, ils regardent avec une inquiétude superstitieuse les forêts sombres, impénétrables, d'où les agresseurs sauvages, embusqués comme des bêtes fauves, se précipitent à tout instant pour enlever à la tribu surprise ses bœufs, ses chevaux, ses chars, simples richesses, précieux trésors des peuples primitifs. Ils ne voient point arriver sans une secrète terreur l'obscurité, la nuit protectrice des êtres pervers et des animaux malfaisants. Les ténèbres leur donnent en quelque sorte le frisson, parce qu'ils croient que la nuit les dépouille eux-mêmes de leur force pour augmenter celle de leurs ennemis. Dès que le soleil a disparu, ils deviennent pusillanimes et pareils à des guerriers désarmés. Comme ils prêtent une oreille attentive aux hurlements des loups, aux rugissements des lions et des tigres, aux cris des oiseaux nocturnes, associant dans leur imagination ces voix terribles à des êtres revêtus de corps étranges et gigantesques ! C'est Indra qu'ils appellent en ces moments de trouble, et ils lui disent : « Donne la mort à ces mauvais esprits qui prennent la forme de chouette, de chat-huant, de chien, de loup, d'oiseau, de vautour… Éloigne ces êtres malfaisants qui, cruels et vagabonds, ont des figures d'hommes ou de femmes. — Tue cet être mâle ou femelle qui emploie une magie pernicieuse. » Le poète qui parle ainsi, c'est Vacichtha, le plus austère, le plus sérieux des anciens sages. Les Aryens éprouvent donc ces étreintes de la peur qui donnent le cauchemar ; aussi célèbrent-ils le retour de l'aurore avec allégresse. « Ramenant la parole et la prière, s'écrient-ils, l'aurore reprend ses teintes brillantes ; elle ouvre pour nous les portes du jour. Elle illumine le monde,… elle visite tous les êtres… »

La déesse aux doigts de rose, l'Aurore classique, reste bien loin derrière cette Aurore indienne, qui ramène *la parole et la prière*. Parler et prier, penser et connaître Dieu, ne sont-ce pas là les deux plus beaux attributs de la créature intelligente ? Elle est comme la tendre mère des Aryens, cette divinité vigilante qui vient à son réveil *visiter tous les êtres* et leur rendre la vie après le sommeil, qui est l'emblème de la mort. C'est pourquoi ils lui adressent encore cette touchante invocation : « Fille du ciel. Aurore, lève-toi, apporte-nous tes richesses et ton abondance… L'Aurore, comme une bonne mère de famille, vient pour protéger le monde ; elle arrive, arrêtant le vol. du génie de la nuit…»

N'est-il pas consolant pour l'humanité de songer qu'il y a trente siècles des poètes savaient tirer de leur cœur et de leur âme de pareils accents ? Avant d'avoir fait la moindre découverte dans le domaine des arts et des sciences, l'homme possède l'entier développement de ses facultés intellectuelles, et c'est le sentiment religieux qui le soutient à cette hauteur. À l'époque des *Védas*, la nation aryenne n'en était encore qu'aux éléments de la civilisation, et cependant voyez comme ses chants sont colorés de vives images ! C'est que ces émigrants conservaient le souvenir de leur simplicité primitive, tout en marchant à la conquête d'une terre inconnue ; la vue d'horizons nouveaux, l'impression qu'ils ressentaient à l'aspect des phénomènes particuliers aux climats méridionaux, leur causaient cette surprise naïve que les peuples jeunes encore savent exprimer dans un langage tout empreint de fraîcheur et de véritable poésie.

Il ressort des hymnes du *Rig-Véda* que les Aryens, pareils en cela aux Européens établis dans le Nouveau-Monde aux premiers temps de la découverte, marchaient, pour ainsi dire, en trois corps. Il y avait les colons établis à poste fixe dans des *grâmas* : ce mot a pris depuis la signification plus restreinte de village ; il désignait une ville non fortifiée, située au milieu des champs, et dans laquelle résidaient les gens de la caste servile, gardiens des troupeaux, ainsi que les agriculteurs. Le *grâma* était sous la protection d'Agni, dieu du feu, parce que là on offrait le sacrifice, là vivait la nation réunie autour de ses prêtres et de ses chefs. La forêt se défrichait à la ronde, et les Aryens prenaient possession du sol, comme l'indique le mot *kchitaya* (association d'hommes qui habitent et possèdent)[9]. À mesure que ces villages prenaient de la consistance, les pasteurs reculaient plus loin leurs demeures temporaires ; puis autour d'eux se fixaient des laboureurs qui ouvraient avec le fer de la charrue de nouvelles places désertes, et une autre portion de la tribu partait en avant-garde, allant porter ailleurs les premiers germes de la civilisation.

Les Aryens savaient travailler le fer, et ils l'employaient à se fabriquer des armes, comme aussi à façonner des instruments aratoires. L'or, nous l'avons remarqué déjà, leur était bien connu : ils en appréciaient la valeur et semblaient attacher un grand prix à la possession de ce métal éblouissant, dont ils voient l'image dans les rayons du soleil ; mais leur véritable richesse, celle qu'ils protégeaient de leur mieux contre les assauts des barbares, c'étaient les bœufs, les vaches et les chevaux ; les bœufs servaient au labourage, les vaches nourrissaient la tribu par leur lait, les chevaux servaient à conduire les chars des combattants. Ces deux genres de troupeaux représentaient pour eux la paix et la guerre, l'abondance heureuse ou l'impétueuse mêlée. « Héros, bienfaiteur des mortels, disent-ils à Indra, donne-nous la jouissance d'un pâturage plein de vaches ! — Dieu sage et prudent, tu es entouré de tes *lueurs* comme un roi de ses femmes ;... fais le bonheur et la fortune de tes serviteurs en nous donnant la beauté du corps, des vaches et des chevaux. » Dans ce mot, la beauté du corps, se trahit la fierté d'une race qui tient à se conserver pure au milieu des barbares. La vache, qui deviendra plus tard le symbole du brahmanisme, de la terre, un animal sacré et inviolable (dont aujourd'hui encore les pieux Hindous reçoivent l'*ambroisie* dans leurs mains pour s'en frotter la face) ; la vache, première richesse des Aryens, est assimilée par les poètes aux rayons du jour naissant, aux lueurs du crépuscule, à tout ce qui a une teinte fauve dans le ciel. Elle est le nuage, elle verse sur le feu du sacrifice le suc nourricier de ses mamelles ; quel autre animal est doué comme elle de fécondité, généreux dans ses dons, prêt à livrer à la main qui le trait les trésors de son lait ? Le cheval a toutefois un rôle plus brillant ; n'est-ce pas lui qui précipite le combattant au milieu de la mêlée ? Les dieux des Aryens, comme ceux des Grecs, possèdent des chevaux infatigables aux belles couleurs. Indra arrive au sacrifice, traîné par deux coursiers azurés ; quelquefois ce noble animal est pris pour le char et même pour le dieu du soleil, à cause de sa marche rapide et de sa flottante crinière. Plus tard, il sera le symbole de la royauté suprême ; le prince victorieux de ses ennemis lancera à travers le monde un coursier que personne n'osera arrêter dans son élan impétueux. De retour près de son maître, ce coursier sera offert en sacrifice au milieu de cérémonies qui prendront le nom d'*açvamédha* (sacrifice du cheval).

---

1. *Vichnou-Pourâna*, de M. le professeur Wilson, p. 276, n° 5.
2. Toutes nos citations du *Rig-Véda* sont empruntées à la traduction de M. Langlois.
3. Espèce de graminée, *poa cynosuroïdes*. — Les mots entre parenthèses sont ceux que le traducteur ajoute d'après l'indication des commentaires.
4. Vichnou, considéré comme le dieu existant avant toute chose.
5. *Çouchna* est l'opposé de Vritra : c'est le démon qui dessèche, la longue sécheresse qui brûle l'herbe des pâturages.
6. Géant, génie malfaisant ; ici le mot s'applique aux barbares, aux indigènes qui menacent les Aryens.
7. Il est vrai que dans les hymnes du *Rig-Véda* on ne voit pas le lien qui unit l'homme à Dieu, et on pourrait en conclure que les Aryens ne croyaient pas à l'immortalité de l'âme, ou au moins à une autre vie. Cependant la huitième section de l'ouvrage renferme plusieurs morceaux où cette grande question est discutée.
8. Ces barbares enlevaient les femmes des Aryens ; ils étaient cannibales selon toute apparence, car toutes les légendes les représentent comme affamés de chair humaine autant que les ogres de nos contes de fées.
9. Voir les trois premiers chapitres de *l'Essai sur le Mythe des Ribhavas*, par M. Nève, professeur à l'université de Louvain. Ce mot est formé lui-même du radical *kchi*, qui veut dire à la fois détruire et gouverner à son gré, dans le sens que les Romains donnaient au droit de propriété, qui est celui d'*user* et d'*abuser* : *utendi et abutendi* ; peut-être y doit-on voir aussi l'idée de détruire la forêt, de la défricher.

2

Le soleil *Soûrya*, celui qui marche à travers les cieux, nommé aussi *Savitri*, celui qui lance ses rayons, et *Pouchan*, le nourricier, est honoré par les Aryens à l'égal d'Agni et d'Indra. Ces trois dieux représentent le feu, l'éther et le soleil, illuminant à la fois le monde visible et l'intelligence des mortels : « C'est toi, Savitri, dit le poète, qui as créé, toi qui animes tous ces êtres bipèdes ou quadrupèdes. — O Savitri, couvre aujourd'hui notre maison de ta douce et invincible protection….. O soleil, donne-nous aujourd'hui le bonheur, demain le bonheur, chaque jour le bonheur ! » Ce brillant soleil de l'Inde «tend ses bras d'or vers le sacrifice ; » il a « des mains d'or » et aussi « une langue d'or. » Dès qu'il paraît, le ciel revêt la couleur du précieux métal. « Le divin Savitri se lève, et développe la forme d'or qu'il a revêtue.» — Et ailleurs : «Que le divin et opulent Savitri arrive, remplissant les airs et traîné par ses chevaux, ayant dans ses mains tous les biens des mortels et donnant la vie aux êtres ! — Que ses bras d'or, longs, étendus, atteignent les frontières du ciel ! La grandeur de Savitri éclate dans le soleil, et elle est l'objet de nos louanges….. — Que le puissant et divin Savitri, maître de la richesse, nous accorde l'opulence sous cette forme lumineuse qui apparaît dans l'espace ; qu'il nous dispense les biens qui conviennent aux mortels !… »

Il y a dans les hymnes adressés au soleil une solennité particulière, un mouvement calme analogue à la marche régulière de l'astre qui poursuit son cours d'un pas égal. On sent la profondeur des horizons et le silence du matin dans ce réveil du dieu qui *tend ses bras d'or et atteint les frontières du ciel*. Les pâtres assis dans les grandes herbes de la plaine se lèvent à sa vue et reçoivent sur leurs visages la douce chaleur de ses premiers rayons ; les chiens cessent leurs aboiements, et les troupeaux que l'aurore avait surpris broutant le gazon tout imprégné de rosée se couchent pour dormir. L'homme a reconnu dans l'astre divin l'œil de la nature, le témoin de ses actions, qui semble lui dire : Lève-toi et travaille ! « Le Soleil, qui jette son regard sur les hommes, se place au milieu des airs, remplissant le ciel, la terre, l'atmosphère… — Savitri, aux cheveux brillants, couronné des rayons du soleil, a élevé à l'orient sa lumière immortelle… » Le poète hindou dépeint ainsi d'un trait rapide l'*intonsus Apollo* des Latins, et à propos de ces ressemblances avec les images employées par les Grecs ou les Romains, il y a lieu de faire une remarque importante : c'est que si les

Aryens parlent aux dieux avec une certaine familiarité, leur piété est plus vive et plus ardente que ne le sera celle d'Homère et de Virgile. Ils sont plus préoccupés de la puissance de leurs divinités, ils en attendent plus de bienfaits ; on dirait qu'ils espèrent capter leur bienveillance en les flattant. Les chantres des hymnes choisissent leurs expressions moins par goût de poésie et pour frapper en passant un vers immortel que pour rendre un hommage sincère au dieu objet de leur culte. Les Aryens ont dans leurs chants religieux la gravité sereine d'un peuple croyant et convaincu ; l'idée ne leur est pas venue encore de forger sur les immortels des légendes grotesques, parce que les dieux qu'ils invoquent ont à peine revêtu une forme complètement humaine. En poésie comme en art, ils ne trouveront jamais la pureté de diction et de trait qui distingue les Grecs. La forme chez eux demeurera toujours un peu flottante comme les lignes de ces immenses horizons que les feux du soleil baignent partout d'une lumière éblouissante. Cependant la vérité du sentiment ne perd pas autant qu'on le croirait à cette diffusion de la pensée. Un véritable amour de l'humanité et de la nature n'éclate-t-il pas dans ces stances au Soleil : « Que le divin Savitri….. conserve notre vue ! — Conserve la clarté de notre vue ; qu'elle dirige notre corps ! que nous puissions jouir du spectacle de ce monde ! — Que nous puissions te voir, ô admirable Soûrya ! que nous puissions contempler nos semblables ! » Le divin Homère eût-il mieux dit quand ses yeux défaillants commençaient à se troubler et qu'il sentait avec un vague effroi la vue de son esprit s'agrandir à mesure que se resserrait l'horizon de son regard ?

On peut remarquer encore dans les chants du *Rig-Véda* l'esprit de sociabilité qui distingue le peuple aryen. Par la voix du prêtre, c'est la nation entière qui prie ; l'idée religieuse n'est-elle pas le lien le plus puissant entre les enfants d'un même pays ? Le respect des aïeux, l'une des vertus des nations primitives, n'y fait pas faute non plus. Il y a çà et là des invocations aux ancêtres divins (*pitris*) qualifiés d'ancêtres des dieux, et dans lesquels on peut voir les patriarches qui donnèrent le jour aux tribus aryennes longtemps avant leur établissement dans l'Inde. À l'appui de cette hypothèse, nous citerons ce passage d'un hymne au *Soma* (breuvage sacré) : « Les *pitris*, gardiens des hommes, l'ont reçu comme un nourrisson et ont développé la merveilleuse magie dont il est l'auteur. » Dans un autre hymne consacré à ces personnages vénérés, le poète évoque des noms mystérieux qui rappellent d'anciens sages, d'anciens prêtres dont les familles se sont perpétuées, et qui apparaissent dans les ténèbres de l'histoire comme les instituteurs des rites religieux. Où vivaient-ils ? quelles furent leurs actions ? La tradition n'en dit rien ; seulement leurs enseignements ont survécu, et ce jeune peuple, trop simple pour être oublieux ou ingrat, se reporte vers eux par la pensée. En attendant qu'il naisse des héros, tout le respect des Aryens se porte sur ces saints des âges passés que la légende placera un jour dans le ciel comme fils de Brahma et seigneurs des créatures.

L'hymne au *Soma* nous montre les *pitris* recevant cette liqueur *comme un nourrisson*. On appelait *Soma* le jus de l'asclépiade que l'on avait mêlé et fait fermenter avec du lait, de l'orge et d'autres grains. Ce breuvage réjouissait les dieux et leur causait même une douce ivresse ; à plus forte raison devait-il produire ce double effet sur les hommes, auxquels il donnait, s'il faut en croire les poètes, la vie par excellence, la santé, la force pour résister à l'ennemi, et enfin l'immortalité ou plutôt le paradis après leur mort. Le *Soma* est donc d'abord une liqueur fermentée, un breuvage tonique et enivrant auquel les bardes antiques adressent des hymnes par centaines. Plus tard, il devient une divinité ; il est identifié avec *Indou*, la lune, le dieu tutélaire des Aryens. Le sage Gotama invoque le *Soma* par des stances magnifiques, dont voici quelques lignes :

« Tu nous conduis dans la meilleure des voies ; sous ta direction, ô dieu appelé *Indou*, nos pères pieux et sages ont obtenu la faveur des dieux. — Soma, saint dans les choses saintes, fort dans les choses fortes, généreux dans les choses généreuses, abondant dans les choses abondantes, tu es opulent, tu es grand, tu es le précepteur des hommes !... »

Toujours le souvenir des aïeux, le respect de la tradition apportée d'un autre pays ; toujours la pensée que les dieux conduisent les Aryens, peuple choisi, nation d'élite, à la conquête d'une patrie nouvelle ! Ce sentiment d'une mission providentielle confiée aux tribus émigrantes est l'un des traits les plus frappants de la poésie védique. Il semble que cette conviction toujours présente à l'esprit des Aryens se réveille plus vive encore quand ils chantent le Soma, comme si ce breuvage vivifiant exaltait leur imagination jusqu'à une ivresse réelle. Dans leurs longues et pénibles marches à travers les hordes ennemies, les guerriers l'invoquent encore avec enthousiasme comme une manne céleste.

> « Ô Soma, au bruit de nos
> louanges, coule en faveur d'In-
> dra ; que la maladie, que le
> *rakchasa* (l'ogre) soit loin de
> nous ! Que les hommes à
> double vote[1] ne s'enivrent point
> de ton breuvage ! Que ta
> liqueur soit pour nous une
> source de biens ! — Ô dieu pur,
> donne-nous ta force dans les
> combats. Tu es la boisson
> chérie des dieux. Envoie la
> mort aux ennemis qui s'ap-
> prochent. Indra, bois ce *Soma* et
> envoie la mort à nos ennemis.
> — Invincible *Indou,* tu coules
> pour le bonheur d'Indra dont tu
> es le breuvage le plus doux. La
> foule des sages vient vers toi ;

ils saluent le roi du monde. —
….. Tu résonnes dans le vase
des purifications où tu te mêles
au fait de la vache ; tu passes
par le feutre de laine. Ainsi
purifié, ô Soma, tel qu'un coursier chargé de biens, coule dans
les entrailles d'Indra. — Coule
pour le plaisir de la race
divine….. Les dix doigts te
purifient dans le vase sacré. Les
prières et les hymnes des sages
précipitent ta course rapide…..
O dieu pur, nous attendons de
toi une mâle famille, de larges
pâturages, une maison grande
et vaste….. »

C'est ainsi que le jus d'une plante mêlé au lait de la vache et au suc des grains, tamisé dans un feutre et agité dans le vase des sacrifices par les dix doigts du prêtre, se transforme par une série d'images en une puissance divine capable de réjouir les immortels eux-mêmes. Il y a dans cette personnification du *Soma* l'indice d'un état social fort peu avancé ; ce mythe doit être des plus anciens et antérieur à la dispersion des tribus aryennes. Les peuples qui rendent un pareil hommage à une simple boisson péniblement obtenue ignorent encore les délicatesses de la vie. Dans leur naïve piété, ils convient les dieux à ce banquet du sacrifice, comme on invite un hôte respecté à partager la liqueur ambrée qui fermente dans la coupe. C'est que, malgré l'élévation de leurs pensées, ils ne peuvent se figurer les habitants du ciel autrement que comme des êtres affamés et altérés, qu'il faut se rendre propices par de grasses offrandes. Aussi s'écrient-ils par la bouche de leurs poètes :

« O puissant Indra, ami du *Soma*, cette ivresse qui t'a fait donner la mort au vorace (démon), nous t'invitons à t'y plonger...... — Cette ivresse qui t'a fait lancer, telles que des chars rapides, les grandes eaux des rivières, nous t'invitons à t'y plonger... »

« Généreux Indra, associé avec les *Marouts* (les vents), bois ce *Souma* ; ... enivre-toi et combats. Verse dans la poitrine ces flots de miel savoureux. — Accompagné des *Marouts*, bois joyeusement avec eux notre *Soma*, sage héros, vainqueur de Vritra de démon des ténèbres). Frappe nos ennemis, éloigne les méchants, fais que nous soyons partout redoutés... »

On peut remarquer une légère dissonance dans ce vers, où le dieu qui boit joyeusement est qualifié de sage ; mais ne s'agit-il pas de la sainte ivresse, de l'exaltation guerrière et religieuse qui conduit les Aryens à la victoire ? Et puis, qui pourrait se flatter de saisir sous son vrai jour la pensée des chantres du *Rig-Véda*, rapide et fugitive comme l'éclair, pareille au nuage d'été qui revêt successivement mille formes diverses ? Dans un hymne au *Soma*, remarquable par son étendue et par la vigueur du style, la précieuse liqueur n'est d'abord que la personnification du sacrifice : « Soma est l'étendard du sacrifice et l'ornement de nos cérémonies ;... il s'échappe par mille torrents, et sa liqueur généreuse va remplir en frémissant et les mortiers et les vases des libations. » Et quelques stances plus loin, dans le feu de son improvisation, le même poète dira : « L'adorable Soma revêt une cuirasse dont les reflets touchent le ciel... » Voilà le dieu sous les traits d'un héros ; sa physionomie se détache nettement et en traits lumineux à travers les nuages qui occupent le fond du tableau. En y regardant de près, on trouverait dans ces brillantes divagations de la poésie indienne la preuve des efforts que font constamment de nobles esprits pour créer des êtres immortels auxquels ils puissent rendre un culte. Dès que l'une des puissances de la nature leur apparaît sous un aspect particulier, ils la détachent de l'ensemble et cherchent à en préciser le caractère ; mais les attributs de ces divinités se confondent presque aussitôt, elles flottent dans le vague avec leurs armes d'or, leurs chars et leur rayonnement qui éblouit, se pressant les unes les autres dans une succession rapide. À mesure que le poète les voit passer dans les rêves de son imagination, il leur jette une invocation, il leur adresse un hymne de louanges. Suivant qu'il est sous l'influence de la peur, de l'espérance, du découragement ou de la joie, il accorde à ses invisibles protecteurs la force, la puissance, la bonté, dont il demande quelque preuve éclatante en retour de sa piété. C'est ainsi que naissent autour des trois grands dieux, le Feu, l'Éther et le Soleil, des divinités secondaires objets de l'adoration fervente des Aryens : l'Aurore, Soma, les *Viçvadévas, dii minores*, au nombre de dix, les *Açvins*, crépuscules du matin et du soir, et une foule d'autres parmi lesquels il faut distinguer les *Marouts*,

Les Marouts s'offrent à nous comme la personnification des vents, non pas de ces zéphyrs légers qui rafraîchissent l'atmosphère, mais bien de ces vents impétueux, chargés de pluie, qui se précipitent du haut des montagnes, brisent la cime des arbres les plus vigoureux, et semblent marcher en troupes comme une nuée d'oiseaux. « Rapides et animés d'un même esprit, venez avec bonté, ne vous éloignez pas, vous qui faites courber les êtres les plus forts. — Ô grands Marouts,… venez aujourd'hui à notre sacrifice sur vos chars brillants aux roues solides… — Nous connaissons la force terrible de ces fils de Roudra, de ces puissants Marouts qui lancent l'onde rapide et pénétrante. — Ils se précipitent sur les mondes, d'autant plus tourmentés qu'ils sont plus solides ; ils confondent le ciel et la terre. Les airs frémissent quand vous venez, brillants et couverts de vos armures éclatantes. — Sur votre route, les montagnes, les arbres, les corps les plus fermes gémissent ; la terre tremble sous vos pas. »

Ces brises triomphantes feraient bien vite éclater les outres d'Éole et se riraient du *quos ego* ! Dans les hymnes védiques, les Marouts sont une puissance de premier ordre. Montés sur des chars traînés par des daims, vainqueurs irrésistibles, héros armés du glaive exterminateur, ils ont pour père et pour chef *Roudra* (le Terrible), symbole de l'ouragan, de ces trombes dévastatrices qui parcourent comme un fléau les régions tropicales. Vienne la légende qui s'inspire de ces personnifications produites par le lyrisme des anciens poètes, et ce même Roudra sera adoré avec terreur comme l'une des formes de Civa, le dieu destructeur, la troisième divinité de la triade indienne. Puis à côté de cette croyance, qui rentre dans le domaine de la fable, se placera l'explication donnée par la philosophie, dont le rôle est de chercher à se rendre compte de, rapports de l'homme avec la nature : le Vent, dépouillé de ses attributs divins, ne sera plus que l'élément tangible, lequel correspond au toucher dans la série des cinq sens.

------

1. Cette expression désigne probablement des tribus qui auraient abandonné les rites védiques pour emprunter aux barbares quelques-unes de leurs croyances et de leurs pratiques religieuses.

3

Nous ne nous étendrons pas davantage sur le caractère particulier de chacun des dieux invoqués dans les hymnes au *Rig-Véda*, il faudrait multiplier à l'infini les citations d'un ouvrage que tout le monde peut consulter ; mais il nous semble nécessaire d'insister sur quelques hymnes d'un ordre et d'un genre différent, placés dans la dernière section, et qui tranchent assez fortement sur l'ensemble de ces chants sacrés. Nous voulons parler de ceux qui ont trait à des actes civils et politiques, comme aussi de ceux où l'idée philosophique et une certaine fantaisie poétique se mêlent au sentiment religieux. Évidemment les odes dans lesquelles la question de l'âme universelle et la nature de cette âme se trouve dogmatiquement traitée ne sont pas de la première époque védique ; elles appartiennent plutôt à celle cil furent écrits les *Oupanichads*, qui forment l'appendice théologique et philosophique des

Védas. La piété naïve qui a dicté les invocations à Agni et à Indra fait place à la réflexion ; la philosophie va naître. Ces dieux dont on implorait à genoux l'assistance et la protection, on va s'assurer s'ils existent bien réellement sous les formes que leur prête le peuple. On les laissera trôner dans l'Olympe, mais on prendra en main leurs attributs pour les examiner d'un œil curieux, comme on décroche l'armure rouillée d'un héros couché dans la tombe. Il se rencontre aussi des prières adressées à des personnages mal définis, dieux nouvellement consacrés par l'apothéose, dont les commentateurs hésitent à fixer le caractère véritable. L'idée religieuse ne fait point encore défaut, seulement elle s'éparpille sur une foule d'objets, et le poète y associe d'autres pensées purement humaines. Ainsi, dans l'hymne à la Parole (la parole sainte), il est dit :

> « Comme l'orge se purifie dans le crible, la Parole se forme dans l'âme des sages. C'est là l'épreuve des vrais amis, car toute leur valeur est dans la sainte Parole... »

S'agit-il de la parole révélée ou de la sincérité humaine ? Rien ne l'indique dans les onze stances de cet hymne travaillé avec un soin particulier, et qui continue sur le même ton d'ambiguïté. Le fonds de la pensée, c'est que la Parole a une origine divine, que l'homme ne doit jamais la profaner par le mensonge. Malheureusement ici l'idée abstraite disparaît trop brusquement devant un détail de la vie réelle. En s'adressant aux plantes, un autre poète dira :

« O mères ! capables de cent œuvres, vous comptez cent espèces, vous comptez mille tiges, préservez-moi de la maladie ! — Réjouissez-vous, ô plantes couvertes de fleurs et de fruits ; telles que les cavales victorieuses, emportez-nous loin des maladies ! »

Celui qui parle ainsi doit être un médecin lyrique ; à peine a-t-il cueilli une plante, qu'il s'agenouille devant elle ; dans son enthousiasme, il va jusqu'à la placer au-dessus de *Pouroucha* (l'âme universelle) ; puis il en fait un roi victorieux entouré de son armée qui pénètre le corps humain pour livrer bataille à la maladie et remporter la victoire. Son imagination l'entraine ; il veut revêtir de tous les attributs divins et de toute la gloire terrestre l'objet de son culte. Quoi ! les plantes ont plus de puissance que la vie qui nous vient d'en haut ! Cette croyance est moins de la foi que du fétichisme, et le goût, on en conviendra, souffre tout le premier de cet affaiblissement de la pensée. Ailleurs ce sont des espèces d'épithalames en l'honneur des dieux ; Agni, qui est qualifié de pontife, épouse la Coupe du sacrifice que la Libation (Soma) lui amène par la main. Voilà la fable qui entre de plain-pied dans le domaine de cette religion primitive, où les forces de la nature gardaient encore la grandeur qui sied aux manifestations de la puissance divine. Enfin les vertus, telles que la Libéralité et la

Bienfaisance, inspirent aux chantres du *Véda* des odes pleines de douces images où le cœur parle un langage presque aussi beau que celui des psaumes :

« … L'opulence de l'homme bienfaisant ne périra point ; le méchant ne trouve point d'ami. — Je le dis en vérité, le mauvais riche possède une abondance stérile ; cette abondance est sa mort… C'est un pécheur, invétéré qui mange tout (sans rien réserver pour l'avenir). »

Ce sont là des préceptes de morale et de religion ; le poète rappelle aux hommes qu'il existe une autre vie pour laquelle il doit amasser des trésors. La société aryenne s'est développée, et déjà se montre la richesse égoïste et dure au pauvre. On le voit, l'hymne ne sera plus exclusivement un chant sacré, une invocation qui accompagne le sacrifice, mais la forme sous laquelle se produiront les inspirations de tout genre, la trompette que chaque poète embouchera pour faire entendre à un peuple intelligent de nobles pensées enfermées dans de belles stances[1]. Il faut donc reconnaître que les mille et quelques hymnes réunis sous le titre de *Rig-Véda*, bien qu'ils soient écrits dans un style antique, dans une langue plus concise, moins souple que celle employée par les compilateurs des épopées, appartiennent à une même période, mais représentée par plusieurs siècles. Comment admettre que ces innombrables strophes aient jailli comme des sources d'eau vive, toutes à la fois, dans l'espace de quelques années ? On ne doit pas être surpris de rencontrer dans la période védique des traces du changement qui s'opère dans l'état social et dans les idées du peuple aryen.

Au temps où les premiers hymnes du *Rig-Véda* furent composés, ce peuple formait une famille assez nombreuse d'émigrants, inconnue comme nation, mais civilisée déjà, puisqu'elle avait un culte, des chants sacrés, un rituel, une langue capable d'exprimer les idées métaphysiques et abstraites, enfin l'ensemble des croyances et des lois qui constituent une société. Il y a en lui la vitalité propre aux races japhétiques, une force d'expansion et d'assimilation qui lui permettra de détruire, de refouler ou d'absorber les tribus étrangères qu'il rencontre dans sa migration vers le sud. Devant les Aryens disparaîtront un jour, anéantis ou dispersés, les aborigènes au teint noir, — Chamites selon toute apparence, — qui peuplaient la partie méridionale de l'Asie comprise entre l'Himalaya, l'Irawati, l'Indus, les plateaux de la Tartarie et des deux mers qui baignent la presqu'île. Pour accomplir cette conquête, il faudra que la nation aryenne s'accroisse et se transforme. À côté des prêtres officiants qui se mêlent encore aux guerriers, s'élèvera bientôt la classe militaire et royale, uniquement vouée au rude métier des armes, destinée à devenir puissante et à dominer les sacrificateurs eux-mêmes. Il y a plus : les sages, auteurs des hymnes chantés durant les cérémonies du culte, n'hésitent point à célébrer la générosité des princes qui les paient de leurs services en leur faisant de riches présents. Ainsi Bharadvadja, dont les descendants furent des

prêtres de famille des rois régnant à Hastinapoura
(l'ancienne Dehli), et qui passe pour avoir été l'un des
patriarches qui transmirent au monde l'ensemble du
Véda, dit très clairement :

> « Le fils de Tchayamana, le riche prince Abhyavarttin
> m'a dpnné, ô Agrii ! vingt couples de bœufs appa-
> reillés et attelés à un char ; c'est un présent que les
> autres princes peuvent difficilement égaler. »

Et ailleurs :

> « Écoute-nous, ô Indra ! nous t'invoquons, nous
> faisons des libations en ton honneur pour obtenir
> l'abondance. Le jour où les peuples s'assemblent pour
> combattre, viens nous prêter ton redoutable
> secours... Que le fils de Pratardana[2], Kchatasri,
> devienne le vainqueur de ses ennemis et le possesseur
> des plus riches trésors ! »

Dans ces vers, hommage est rendu à la puissance
temporelle. Le prince pour qui on invoque les dieux et
dont on vante la richesse doit être présent à la cérémonie, le glaive en main, tout près de son char attelé de
brillants coursiers, le diadème ou tout au moins le
bandeau royal au front. Ces stances font songer à un
état analogue à celui des Grecs au temps de la guerre de
Troie. Kchatasri ressemble assez à un Agamemnon
indien, dépassant de la tête la foule des guerriers
assemblés. Nous trouvons plus loin une louange plus

directe adressée par un autre poète à un autre roi qui serait l'Ulysse de ces petits peuples émigrants :

« O Agni ! un roi pieux, prudent et généreux... m'a rendu riche ; il m'a donné deux cents bœufs attelés à un char, avec dix mille vaches. Qu'il te souvienne de lui. — Ce roi m'a donné cent vingt vaches et deux chevaux de trait traînant une précieuse charge... »

Cette soumission du prêtre officiant et cette richesse du roi indiquent une époque où l'influence morale des sacrificateurs commençait à s'incliner devant l'astre plus brillant de la royauté[3]. Les princes possèdent des troupeaux bien abondants, puisqu'ils peuvent faire des présents aussi généreux ; ils ont des armes d'or ou au moins dorées, des cuirasses étincelantes, des chars richement ornés ; enfin ils habitent des villes : la tribu est devenue nation. Allons plus loin ; nous trouverons à la fin du *Rig-Véda*, parmi les chants particuliers dont nous parlions tout à l'heure, un hymne intitulé : *Vœux en faveur d'un roi*, et un autre plus significatif encore qui a pour titre : *Sacre d'un roi*[4]. Dans le premier, qui est fort court et certainement ancien de ton et de mouvement, les prêtres font approcher le roi de l'autel du sacrifice ; on dirait qu'ils veulent le tremper comme une arme au contact du feu sacré. Le principal rôle leur appartient dans la cérémonie ; ce sont eux qui commencent, et ils disent :

« Par la vertu de l'holocauste qui fait qu'Indra se tourne vers nous, ô Agni, fais aussi que nous nous tournions du côté du trône. — toi qui règnes sur nous, tourne-toi contre les ennemis qui nous attaquent, tiens-toi ferme devant les combattants. — Que le divin Savitri de soleil), que Soma, te soutiennent dans ta marche ; que tous les êtres se tournent vers toi à ton approche. »

Et le roi répond :

« O Dévas, j'offrirai l'holocauste qui a fait la puissance et la grandeur d'Indra. Que je devienne sans rival ! — Que je sois sans rival ! que je triomphe de mes ennemis, que je règne sans restriction, que je brille parmi tous les êtres et parmi tout mon peuple ! »

N'est-ce pas là à peu près la formule de consécration d'un roi électif, choisi par les sages pour mettre un terme à l'anarchie qui vient d'éclater dans la tribu ? Pour faire cesser les contestations qui se sont élevées parmi les chefs, il faut que l'un d'eux soit solennellement, et à la face des dieux représentés par le sacrifice, reconnu pour *seul* maître. Évidemment il s'agit de rétablir la paix dans la nation troublée, et la possession d'un territoire conquis a mis la discorde dans le camp des Aryens. On n'en est donc plus tout à fait à l'âge d'or, malgré le calme imposant de ce dialogue entre les prêtres et le roi. Les stances du Sacre se distinguent par la même simplicité unie à la même dignité de style :

> « Je t'ai amené au milieu (de l'enceinte). Sois ferme ; soutiens-toi sans trembler. Tout le peuple te désire ; que ta royauté ne chancelle pas ! — Crois en grandeur, ne tombe point ; sois comme une montagne, inébranlable ; tiens-toi aussi ferme qu'Indra. Affermis ta royauté — Le ciel est ferme, la terre est ferme ; ces montagnes sont fermes ; tout ce monde est ferme. Que le roi des nations soit aussi ferme….. — À un ferme holocauste nous joignons la ferme libation du Soma. Qu'Indra rende tout peuple fidèle à payer l'impôt. »

Il faudrait avoir un commentaire pour savoir en quoi consistait cet impôt, et par suite quelles étaient, à cette époque reculée, les ressources du peuple aryen. Voilà un roi sacré en bonne règle et en des termes concis, brefs, qui ressemblent à des formules de rituel. La nation aryenne se compose déjà des trois classes qui constituent une société organisée : les prêtres, les rois, le peuple ; mais les castes n'existent point encore. Comment donc s'introduisit dans l'Inde ce régime exceptionnel que l'on y trouve tout établi dès le XIIᵉ siècle avant notre ère[5], et si bien accepté qu'il ne sera jamais directement combattu par les sectes dissidentes ? On n'en sait rien, parce que les Hindous n'ont eu nul souci de leur histoire, et si cette histoire existait, elle ne le dirait sans doute pas en toute franchise. Interrogez là-dessus un brahmane, il vous répondra qu'il est le premier-né de la création, parce qu'il est sorti de la bouche de Brahma, le créateur suprême. Quand il s'agit de la formation des castes, on en est donc réduit à des suppositions, et voici comment nous essaierons d'expliquer ce grand fait social.

Une fois arrivés sur le sol de l'Inde, les Aryens prennent goût à la vie sédentaire. Ils ont rencontré la vraie patrie qu'ils cherchaient ; la beauté du pays, la douceur du climat, la fertilité des plaines et des vallées les ont captivés. Les habitations temporaires se changent en demeures fixes, les campements en villages. Les familles s'accroissent, les travaux se multiplient, les professions plus tranchées deviennent naturellement héréditaires. Le père lègue à ses fils les ustensiles propres au sacrifice, ses armes, les outils du labourage, son champ, ses troupeaux. La propriété, qui est déjà un droit, semble constituer vis-à-vis de chacun le devoir de continuer les travaux dont il a reçu les premières notions dans son enfance. Le régime patriarcal, qui est celui de la famille, s'efface peu à peu devant une organisation moins simple, mais qui répond mieux aux besoins d'une société plus développée. Placés au premier rang par la connaissance du rituel et de la tradition religieuse qui se perpétuait parmi eux, les descendants des anciens chefs de tribus avaient gouverné les Aryens émigrants, tout en offrant les sacrifices aux dieux en leur qualité de prêtres. Il arrive un moment où ces conducteurs de peuples, pareils aux juges qui régissaient les Hébreux, doivent céder une partie de leur pouvoir à des hommes vaillants, investis du droit de commander ; la royauté est établie. Telle paraît avoir été la situation des Aryens à l'époque védique. Tous les hommes en état de porter les armes prennent part à la défense commune, comme aussi tous les enfants de la tribu se livrent encore à l'agriculture et exercent la profession de pasteurs aux heures de trêve ; mais il existe déjà des classes dans cette société naissante, seulement la loi n'a point élevé entre elles ces barrières infranchissables qui en feront des castes.

Trois choses constituent la nationalité des Aryens et leur supériorité incontestable sur les peuples qui occupaient l'Inde avant eux : la tradition religieuse, la langue et le culte védiques. À qui est confié le dépôt de cette triple connaissance ? Aux prêtres, qui forment un corps officiant et enseignant. Ce corps ne peut se recruter ailleurs que dans son propre sein, sous peine de déchoir ; par l'effet de l'isolement, il devient une caste, celle des brahmanes ou fils aînés de Brahma, identifiés avec la parole divine et inaltérable. L'unité de vues et d'intérêts les tient étroitement liés et augmente rapidement leur autorité. D'autre part, la défense des villes qui se bâtissent sur divers points, la protection des terres que l'on défriche à l'entour et qui se partagent en royaumes ou principautés, la sécurité des relations qui s'établissent d'une province à l'autre, le besoin de repousser les attaques des barbares, obligent les rois et leurs familles à se vouer exclusivement au métier des armes. La possession des fiefs et l'exercice d'un pouvoir à peu près sans contrôle deviennent les

privilèges et comme la récompense de ces guerriers
prêts à verser leur sang pour le salut de tous, et qui se
groupent autour du roi comme la noblesse au temps de
la féodalité. Les *kchattryas* ou guerriers, appelés aussi
fils de roi et *râdjas*, apparaissent donc comme le bras de
la nation jeune et puissante dont le brahmane est la
tête. Aussi utiles à la société que les *kckattryas*, mais
appliqués à des professions qui exigent moins de
dévouement, moins d'élévation d'esprit et de caractère
par conséquent, occupés de travaux dont ils recueillent
eux-mêmes l'avantage et le profit, les *vaïcyas*,
marchands et agriculteurs, doivent obéir aux deux
premières castes, c'est-à-dire reconnaître pour maîtres
le brahmane qui enseigne les lois divines et humaines
et le roi qui les fait exécuter. Enfin tout au bas de
l'échelle se placent les serviteurs, ceux qui n'ont à
remplir que des rôles subalternes dans lesquels il n'y a
point d'énergie particulière à déployer. Il arrive ainsi
que, dans cette nation de pasteurs dont les tendances se
sont modifiées, la garde des troupeaux reste confiée en
définitive à la caste servile des *çoûdras*, lesquels ne
forment plus qu'un appendice insignifiant de la société
indienne, une classe méprisée, soumise à tous les
devoirs et privée de tous les droits.

Pour s'expliquer l'état d'infériorité du *vaïcya* et
l'abaissement du *çoûdra*, il faut tenir compte de la
conquête, de l'occupation à main armée de pays habités
déjà par des peuples moins civilisés et moins intelligents. Les Aryens que nous voyons dans le *Rig-Véda*
invoquer les dieux contre des ennemis pervers, les

Aryens qui s'avancent d'abord avec circonspection, avec timidité, dans des régions inconnues, ont fini par triompher. Il s'agit pour eux de régler leurs rapports avec les peuples conquis, d'empêcher la pure race des conquérants de se fondre dans la masse des étrangers qui les entourent, de s'absorber dans l'élément indigène. De là le classement par castes d'individus de races diverses réunies en une nation considérable. L'autorité religieuse et militaire, le pouvoir spirituel et la puissance temporelle se partagent entre les deux premières castes, qui sont sœurs et représentent dans le principe l'élément aryen. La troisième caste, celle des *vaïcyas*, admet dans ses rangs des familles de race aryenne déjà mêlées aux aborigènes et ceux de ces aborigènes eux-mêmes qui ont adopté les croyances védiques : c'est donc une classe mixte, comme celle des métis et des mulâtres dans certains pays du Nouveau-Monde. Admis à jouir des droits civils, puisqu'ils reçoivent à leur naissance le cordon d'investiture, les *vaïcyas* forment dans l'organisation brahmanique une espèce de tiers-état qui n'est rien ou qui est tout, selon le point de vue sous lequel on l'envisage. Quant aux *çoûdras*, ils sont à vrai dire des serfs, des *manans* dans le sens latin du mot, des vaincus réduits à la dure nécessité de servir les vainqueurs. Leur condition peut se comparer à celle des Indiens de l'Amérique dans les premiers siècles qui suivirent la conquête. Enfants déshérités de la famille indienne, qui leur impose de rudes travaux, ils ne reçoivent point le sacrement d'initiation qui confère aux autres castes la seconde naissance dans l'ordre religieux et le droit de bourgeoisie dans l'ordre politique. Les ilotes étaient les *çoûdras* de la république de Sparte. N'oublions pas que le mot *varna* (caste), en sanscrit, signifie couleur. Or le brahmane et le guerrier sont en général plus blancs que le *vaïcya*, lequel à son tour est d'ordinaire moins noir que le *çoûdra*. Les castes, que l'on peut rigoureusement réduire à trois, représentent donc la race conquérante, les métis et les indigènes.

Au temps des *Védas*, nous l'avons dit, le régime des castes n'était point établi. Dans un hymne (que l'on peut considérer à la vérité comme moins ancien que les autres), on lit ce vers à propos de *Pouroucha*, l'âme universelle, le premier être revêtu d'une forme :, Le brahmane a été sa bouche, le roi ses bras, le *vaïcya* ses cuisses, le *çoûdra* est né de ses pieds[6]. » Il se peut bien que ce vers ait été intercalé après coup dans un chant védique, car nulle part ailleurs il n'est fait mention du *vaïcya* et du *çoûdra*. Au reste, la division des castes serait encore présentée ici sous le voile de l'allégorie. La pensée et la parole sont au-dessus de la force et de la puissance matérielle ; le courage et le dévouement méritent d'être estimés plus que l'industrie et le commerce, la richesse produite par le travail intelligent l'emporte sur l'action vulgaire et machinale. Plus tard, dans le code des lois de Manou, ce mythe sera exprimé sous une forme sentencieuse et dogmatique. Afin que chacune des castes se distingue plus nettement et à première vue, le législateur lui ordonnera même d'inscrire jusque dans son nom le signe qui fait sa gloire ou sa honte. «Que le nom du *brahmane* (par le premier des deux mots dont ils se compose) exprime la ferveur propice ; celui d'un *kchattrya*, la puissance ; celui d'un *vaïcya*, la richesse ; celui d'un *çoûdra*, l'abjection. » C'est ainsi que s'exprimera la caste sacerdotale par la bouche du législateur, quand elle aura ressaisi le pouvoir que les rois tentèrent plus d'une fois de lui enlever.

Le brahmanisme s'est fait la part du lion dans le partage qu'il établit entre les classes de la société indienne ; mais qui donc, si ce n'est lui, sut donner à cette société la prospérité dont elle a joui durant tant de siècles ? Gardiens jaloux de la loi védique dont ils se sont constitués les interprètes, les brahmanes n'ont cessé de recueillir avec une pieuse sollicitude ces monuments vénérés de leur littérature, qui sont leurs véritables titres de noblesse. Lorsque les anciens rois, emportés par la passion de la chasse, se plongeaient au plus profond des forêts, oubliant les affaires du royaume pour vivre de la vie sauvage, les brahmanes les déposaient aussitôt, et par là ils faisaient rentrer la nation tout entière dans la voie de la civilisation. Quand des princes violents et orgueilleux poussaient l'audace jusqu'à vouloir se faire adorer, ou négligeaient par impiété le culte des dieux, les brahmanes s'insurgeaient contre eux, et la barbarie, qui menaçait d'envahir la nouvelle patrie des Hindous, était vaincue une fois encore. C'est au brahmanisme que l'on doit tant de pagodes, de temples souterrains, de palais magnifiques qui étonnent encore aujourd'hui les regards du voyageur, et ces immenses compositions littéraires qui seront un jour, nous l'espérons, aussi connues de l'Europe que les œuvres des poètes de l'antiquité classique. C'est à lui que l'on doit la conservation de ces hymnes védiques qui nous montrent le peuple aryen plein de feu, de jeunesse, d'enthousiasme, prenant son essor vers le midi, à la manière des grands fleuves dont il suivit les bords, plus larges, plus profonds, plus imposants, mais aussi plus troublés dans leurs ondes à mesure qu'ils s'éloignent de leurs sources. La source par excellence pour tout ce qui concerne l'Inde, c'est le *Véda*, livre multiple dans lequel se reflètent, comme dans un vivant miroir, les croyances, la vie publique et les sentiments intimes des Aryens. L'antiquité ne nous a légué aucun ouvrage, — la Bible exceptée, — qui fasse naître plus d'idées dans l'esprit de quiconque le lit avec un peu d'attention. On n'y trouve pas un mot d'histoire, a-t-on dit : cela est vrai ; mais si les faits sont absents, ne sent-on pas battre le cœur d'une nation pleine de sève qui obéit à une impulsion irrésistible, et vole avec ardeur au-devant des destinées qui l'attendent ? Sous ce sabéisme rêveur, ne voit-on pas poindre le panthéisme qui entraînera comme dans un tourbillon les générations futures ? Ne saisit-on pas dans son germe la légende qui va croître et étendre au loin ses rameaux chargés de fleurs aux parfums enivrants ? N'assiste-t-on pas en quelque sorte à la formation d'une société théocratique plus préoccupée de ses dieux que de ses intérêts matériels, plus avide d'offrir des sacrifices que de célébrer la pompe des gloires humaines ? Non, nous ne connaissons pas la marche exacte des Aryens depuis leur sortie des plateaux de l'Asie ; nous ignorons par quelle suite de combats et de luttes acharnées ils se sont établis dans toute la région qui a pris le nom d'Hindostan ; mais nous savons ce qu'ils demandaient aux dieux, quels ennemis ils redoutaient, quelles étaient leurs armes, leurs instruments aratoires, leurs habitudes domestiques. À défaut d'histoire, c'est un tableau complet de cette époque lointaine que nous offre ce beau livre des hymnes.

L'esprit védique n'a point disparu des lieux où il s'est développé. Les brahmanes se vantent d'être les descendants des poètes et des sages qui ont composé les chants du *Rig-Véda*, et ils montrent avec orgueil de longues listes généalogiques. On n'est point obligé de croire à l'authenticité de ces papiers de famille ; les brahmanes d'ailleurs ont d'autres titres à la considération, — la connaissance et l'intelligence de cette langue sacrée, vieille de trente siècles. Cependant il n'y a aucune témérité à avancer que les savants indianistes qui ont choisi les *Védas* pour objet de leurs études les entendent mieux que les pandits les plus habiles de Bénarès. En ces matières, la critique européenne équivaut à la seconde vue. Quand on jette les yeux sur les deux gros volumes du *Rig-Véda* publiés par M. Max Müller sous les auspices de la compagnie des Indes, on est effrayé de la grandeur de la tâche qu'il s'est imposée[7], et émerveillé de la prodigieuse érudition qu'il y déploie. S'il y a un mérite réel à donner une édition correcte des ouvrages classiques déjà imprimés, s'il y a la preuve d'un talent consommé dans la copie exacte et précise d'une charte du moyen âge, que doit-on penser d'un travail de si longue haleine, où il s'agit de déchiffrer des manuscrits orientaux, et dont la première condition est d'entendre avec une égale supériorité la langue archaïque des *Védas* et le style souvent obscur des commentateurs ? La direction de l'ouvrage a été confiée à M. H. Wilson, le doyen des indianistes anglais, qui le traduit à mesure que le texte voit le jour. Tandis que le professeur d'Oxford interprétait ainsi le *Rig-Véda*, en y joignant des notes savantes et nombreuses, M. Langlois, de l'Institut, s'étant mis résolument à l'œuvre, achevait et faisait paraître une traduction française des huit sections qui composent la totalité du recueil des hymnes védiques. Il y avait bien quelque péril à venir le premier, à terminer sa tâche juste au moment où le texte, imprimé avec un long commentaire, allait la rendre moins ardue. Quoi qu'il en soit, la difficulté de l'entreprise semble avoir séduit plutôt qu'effrayé M. Langlois. Sa traduction lui a valu des éloges auxquels les nôtres n'ajouteraient rien. La lecture en est aussi douce qu'attrayante, car l'élégante clarté du style ne laisse pas même soupçonner la peine que ce grand travail a dû coûter à l'auteur. Nous pouvons donc aujourd'hui étudier sans effort dans notre langue les hymnes du *Rig-Véda*, dont personne encore n'avait entièrement dévoilé le mystère.

Théodore Pavie

In *Revue des Deux Mondes*, 2e série de la nouv. période, tome 7, 1854 (p. 252-282).

1. Nous ne pouvons nous empêcher de citer, au moins en note, quelques passages de l'hymne au *Dieu du Jeu*, l'un des plus curieux morceaux qui aient été écrits en aucune langue.

« J'aime avec ivresse ces enfants du grand Vibhaka (Celui qui distribue le bonheur), ces Dés qui s'agitent, tombent dans l'air et roulent sur le sol ; mon ivresse est pareille à celle que cause le sommeil... Que Vibhaka toujours éveillé me protège. — J'ai une épouse qui n'a contre moi ni colère, ni mauvaise parole. Elle est bonne pour mes amis comme pour son époux. Et voilà la femme dévouée que je laisse pour aller tenter la fortune. — Cependant ma belle-mère me hait, mon épouse me repousse. Le secours que me demande le pauvre est refusé, car le sort d'un joueur est celui d'un vieux cheval de louage. — D'autres consolent l'épouse de celui qui aime les coups d'un Dé triomphant. Son père, sa mère, ses frères lui disent : Nous ne le connaissons pas, emmenez-le enchaîné. — Quand je réfléchis, je ne veux plus être malheureux par ces Dés ; mais en passant les amis me poussent. Les Dés noirs en tombant ont fait entendre leurs voix, et je vais à l'endroit où ils sont, comme une femme perdue d'amour. — Le joueur arrive à la réunion ; il se dit le corps tout échauffé : Je gagnerai ! Les Dés s'emparent de l'âme du joueur qui leur livre tout son avoir. — Les Dés sont comme le conducteur de l'éléphant, armé d'un croc avec lequel il presse. Ils brûlent le joueur de désirs et de regrets, remportent des victoires, distribuent le butin, pour le bonheur et le désespoir des jeunes gens, et pour les séduire ils se couvrent de miel.... O joueur, ne touche pas aux Dés ; travaille plutôt à la terre et jouis d'une fortune qui soit le prix de ta sagesse. Je reste avec mes vaches avec mon épouse... — O Dés, soyez bons pour nous et traitez-nous en amis. Ne venez pas avec ton cœur impitoyable. Réservez votre colère pour nos ennemis. Qu'un autre que nous soit dans les chaînes de ces noirs combattants. »

Le joueur qui parle de la sorte n'est qu'à moitié converti. Le démon du jeu, qui s'est emparé de lui trop souvent, reviendra à la charge, et c'est précisément là ce qui fait l'intérêt dramatique de cette pièce singulière. Comme ce pauvre homme a peur des Dés ! Il a reconnu en eux cette divinité, cette passion irrésistible qui dominera les rois eux-mêmes et leur fera perdre un royaume d'un seul coup, comme cela arrivera au prince Naïa.

2. Ce roi régnait dans une petite ville qui fut détruite et sur remplacement de laquelle s'élève la Benarès des temps

modernes. Ce lieu, vénéré des Hindous, aurait donc été possédé par leurs ancêtres il y a près de trois mille ans.

3. Je veux dire que la classe sacerdotale, non encore organisée en caste, exalte par ses chants le pouvoir des rois, contre lequel elle luttera plus tard, et qu'elle abaissera définitivement au second rang.

4. *Rig-Véda*, section VIII, lecture 8.

5. En adoptant comme vraie l'hypothèse admise par les savants les plus respectables, qui assignent cette date à la compilation des lois de Manou. Les *Védas* auraient été composés quatre ou cinq siècles auparavant.

6. Section VIII, lecture 4, hymne 5.

7. L'ouvrage complet ne formera pas moins e huit volumes in-4°, de 900 à 1000 pages chacun, texte et commentaire.

BIBLIOGRAPHIE

I. *Rig-Veda-Sanhita*, together with the Commentary of Sayanacharya, edited by Dr Max Müller, Oxford 1849-1854. —

II. *Rig-Veda*, traduit en anglais par M. H.-A. Wilson, vol. 1er, Oxford 1850.

III. — *Le Rig-Véda ou Livre des Hymnes*, traduit en français par M. Langlois, de l'Institut, 4 v. in-8°, Paris 1848-1851. —

IV. *Des Védas*, par M. Barthélemy Saint-Hilaire. de l'Institut, 1 vol., Paris 1854.

DE LA LITTÉRATURE
MUSULMANE DE L'INDE

In *Revue des Deux Mondes, période initiale,*
tome 3, 1843 (p. 964-990).

Il fut donné à l'islamisme de renverser ou au moins d'humilier tout ce qui avait vieilli dans l'ancien monde, des rives du Danube aux monts Himalayas ; d'émouvoir, d'exciter jusqu'à l'exaltation, en les ralliant à un seul cri, les races auxquelles il manquait un symbole, et cela au milieu du désert africain comme dans les steppes de l'Asie centrale ; de s'établir partout où s'étaient développées les civilisations primitives ; de galvaniser les peuplades mortes, comme aussi de mettre l'enthousiasme et le fanatisme au cœur de hordes insouciantes et presque sans culte ; de les saisir dans leur mouvement de migration vers l'ouest et de les transformer en nations ; enfin de faire briller sur les ruines d'un passé mystérieux et solennel l'éclat d'une splendeur extraordinaire qui désormais s'éteint de toutes parts. Durant neuf siècles, de puissants empires se formèrent çà et là dans les vastes contrées que dominait le croissant ; puis, en se déplaçant, en s'absorbant les unes les autres, en transportant sur divers points alternativement le siège d'un pouvoir qui grandissait de jour en jour, les dynasties musulmanes de l'Arabie, de l'Égypte, de la Perse, de la Turquie, de l'Hindostan, accomplirent dans tout l'Orient cette œuvre d'assimilation que le christianisme opérait en Occident. Ces dynasties, tantôt fanatiques et ignorantes, tantôt éclairées et favorables aux lettres, firent sentir successivement, d'une extrémité à l'autre de ce monde nouveau, ou le joug tyrannique d'une oppression qui brise les nationalités, ou les bienfaits d'une civilisation qui les efface aussi en les modifiant d'une façon plus douce.

Cette double action dut se trahir de bonne heure dans les langues, dans les littératures de l'Orient ; les peuples anciens, abdiquant leur passé, arrêtés soudainement dans la route suivie depuis tant de siècles, ne purent garantir leurs idiomes d'un mélange inévitable ; avec une religion étrangère, la conquête introduisait nécessairement un nouvel ordre d'idées, et par suite de nouvelles formes de langage. Les peuples barbares, au contraire, fixés tout à coup dans leur marche incertaine par l'islamisme, qu'ils avaient adopté, n'eurent qu'à gagner à cette transformation ; ils s'enrichirent par ce contact avec les nations plus policées dont ils partageaient la croyance, de tout ce qui manquait à leurs langues encore informes.

Sans se substituer aux idiomes qu'elle rencontra

dans son expansion à travers les trois vieilles parties du globe, la langue de l'islam, celle des khalifes, si parfaite dans sa structure, si abondante en formes précises qui fixent les nuances et pour ainsi dire les demi-tons de la pensée, imposa à tous les peuples musulmans non-seulement son système graphique, ce qui est beaucoup déjà, mais encore, dans une proportion plus ou moins grande, ses noms d'action, ses substantifs abstraits, ce qui compose la partie métaphysique du discours, de telle sorte que toute proposition un peu étendue a besoin, pour être développée pleinement, de recourir à la langue philosophique et sacrée. Et cela suffit pour donner aux idiomes musulmans un air d'homogénéité ; sous une commune tendance se cachent des origines diverses ; le mot étranger, partout présent, est comme la bannière du conquérant sur les tours de la ville prise, comme le croissant d'or sur le dôme de Sainte-Sophie.

Lorsque les Turcs, en marche vers l'Europe depuis la fin du VIIe siècle, acceptèrent cette croyance dont ils devaient être un jour les plus redoutables représentants, et vinrent élever entre l'Orient et l'Occident cette barrière si longtemps menaçante qui força les nations chrétiennes à s'ouvrir de nouvelles routes à travers l'Océan, ils subirent à leur tour ce joug intellectuel ; leur idiome tartare fut adouci et bientôt fertilisé par l'idiome arabe, partout fécond, et qui a laissé dans celui des Espagnes des traces aussi ineffaçables que le souvenir de la domination sarrasine, perpétué par tant de merveilleux édifices. La Perse, condamnée à être envahie successivement par Les Macédoniens remontant vers l'Orient, par les Parthes descendus des bords de la mer Caspienne, par les khalifes qui s'élançaient à la fois au-delà de la mer Rouge et du golfe Persique, enfin par les Mogols sortis des environs du lac Baïkal, où les Turcs avaient jadis campé côte à côte avec eux, la Perse, soumise aux Ommiades dès le VIIe siècle, vit peu à peu sa vieille langue disparaître avec les Guèbres, qui fuyaient emportant le feu sacré, d'abord dans le Khorassan, puis à Ormuz, puis à l'ouest de l'Inde ; et à ce langage mutilé, dont les radicaux appartiennent pour la plupart à celui des brahmanes, l'idiome de l'islamisme prêta ce dont il avait besoin pour faire face aux exigences d'une philosophie nouvelle et d'une religion devenue celle du peuple.

Toutefois, sous l'enveloppe d'une croyance commune, les trois grandes nations mahométanes conservaient chacune leur caractère particulier et individuel, qui, loin de disparaître sous le flot de l'invasion, se développa avec le temps d'une façon précise et se révéla bientôt dans le génie de leurs langues. Selon les aptitudes spéciales de son esprit, chaque peuple eut son rôle propre dans ce monde refait à neuf. L'Arabe, contemplatif, fanatique, ardent, mais avide de poésie et ayant en honneur l'art de bien dire, se chargea de conserver dans sa pureté primitive le dogme dont il était le gardien né, de l'appuyer et de l'élucider par les commentaires. L'esprit de tribu se porta vers les chroniques qui établissent l'ancienneté des familles ; la vie errante et guerrière fit croître chez l'Arabe le goût des légendes héroïques, des récits à faire sous la tente. Sa langue dominatrice et inaltérée devint celle de l'islam par excellence, celle de l'histoire mahométane ; elle fut l'expression d'une littérature mystique et passionnée qui contenait en germe presque tout ce que devaient produire celles des deux autres peuples. Moins chevaleresque, mais tout aussi porté à la propagande à main armée qui autorisait et provoquait les conquêtes, le Turc, face à face avec l'Europe, s'occupa du présent plus que du passé. Assis aux Dardanelles et sur les deux rives de la Méditerranée comme une sentinelle avancée de l'islam, il était plus jaloux de faire triompher le Coran que de l'expliquer. Sa langue, répandue dans un si grand nombre de provinces soumises l'une après l'autre à l'empire ottoman, fut celle de l'armée, et par suite celle du commerce, quand les pachas du grand-seigneur gouvernèrent les villes bâties sur les bords du Nil et de l'Euphrate. Elle dut être moins étudiée, car elle était moins littéraire, moins savante, mais plus parlée que celle des Arabes à cause de son utilité pratique. Le Persan, déjà modifié par tant de révolutions, avait acquis par cela même un caractère plus souple, plus susceptible de s'approprier ce qui lui venait du dehors ; dans ces sociétés changeantes, il apparaît comme le Grec de l'Asie. Mobile et facile à blesser dans son amour-propre, il donna dans le schisme shiite et se sépara des khalifes, comme le Grec s'était séparé des papes. Sa langue, douce et harmonieuse, variée dans ses formes, fut celle de la diplomatie et de la haute correspondance ; elle prit de là une certaine allure de courtisan, tout en sachant se plier avec une facilité rare à la poésie mystique comme à la poésie légère, aux épopées de longue haleine comme aux petits poèmes de caravane ; elle serait à la langue arabe ce qu'est la langue de Virgile à celle d'Homère.

À côté de ces trois principaux idiomes, il s'en forma, dans des conditions pareilles, un quatrième. L'Inde était un monde à part dans lequel l'islamisme, violemment apporté, introduisit avec une race étrangère une croyance et des mœurs nouvelles qui produisirent à la longue une population mêlée et une langue mixte. Dans le nouvel idiome, le verbe, base de toute langue, continua presque seul d'appartenir d'une manière nécessaire aux radicaux primitifs, tandis qu'autour de cette partie vitale du discours se groupèrent des expressions empruntées aux Afghans venus d'Arabie ou aux Mogols sortis de la Perse. Ce jeune dialecte, de la grande famille musulmane, nommé hindoustani, fut assez lent à se former, bien que les hindous racontent naïvement qu'il naquit presque tout à coup sous les tentes de Timour. Cette erreur vient du nom de *ourdou zaban*, langue du camp, qu'ils lui ont donné, sans doute parce qu'il acheva de se fixer dans les bazars où la population vaincue entra journellement en communication avec les cent mille cavaliers du conquérant mogol. C'est sur cette dénomination de *ourdou zaban* que se fonde un voyageur célèbre de ces derniers temps pour appeler *langue de corps-de-garde* l'idiome moderne de l'Inde, dont l'armée cependant n'est pas seule à se servir. Confiné d'abord dans les camps, où il jouait le rôle de *lingua franca* sous forme de patois, l'hindoustani se répandit peu à peu dans les masses à mesure que s'affermissait la conquête ; de patois, il devint langue quand les écrivains hindous l'eurent soumis aux règles de la poésie. Sous les empereurs mogols amis des lettres, comme sous les petits princes musulmans qui s'établissaient çà et là dans l'Inde morcelée et s'entouraient d'une cour, il s'enrichit de la traduction des principaux ouvrages arabes et persans, devenue nécessaire depuis que l'islamisme était représenté dans ces contrées par une langue reconnue nationale. Bientôt il produisit à son tour une littérature complète, toute de renaissance il est vrai, contrastant avec celle de l'Inde ancienne autant que la blanche mosquée avec la sombre pagode, mais professée par des poètes de renom dans plus d'une école brillante, et mise en lumière par des prosateurs sérieux, philosophes, chroniqueurs et érudits. Enfin, dans cette vaste contrée qui compte tant de patois formés des débris du sanscrit et plus d'une langue véritable, parlée par des nations d'une autre race, comme chez nous celles des Basques et des Bretons, l'hindoustani continua d'être sous la nation anglaise ce qu'il avait été sous les conquérants mogols, l'idiome militaire, l'idiome des cours musulmanes, et, dans plus d'une localité, il devint celui de la diplomatie, au préjudice du persan.

Si l'on songe qu'entre la première apparition des mahométans dans l'Inde, c'est-à-dire celle des Arabes (surnommés Afghans ou Patans), qui, dépassant la Perse sous le khalife Oualid en 711, s'élancèrent vers Delhi, et l'invasion définitive des Mogols en 1398, il s'écoula six siècles et demi, on comprendra parfaitement que durant cette longue période la fusion des deux peuples et des deux langues put se préparer. Au IXe siècle, les khalifes abassides régnaient même à l'est de l'Indus, englobant ainsi dans leurs possessions le pays des émirs du Scinde. De l'an 1000 à l'an 1183, la dynastie afghane de Gazni, dont Mahmoud fut le héros, étendit ses conquêtes au-delà de Delhi et d'Agra, et pendant ces deux siècles il y eut, entre les sectateurs du prophète et ceux de Vichnou, des relations multipliées et suivies qui affaiblirent peu à peu l'unité religieuse de la nation hindoue. La lutte eût été moins longue, si un peuple placé entre le Scinde, toujours franchi par les envahisseurs, et le Gange, dont les riches vallées appelaient l'invasion, vivant dans un cercle de montagnes groupées comme les tours d'une forteresse au milieu de l'Inde, n'avait défendu avec le courage du désespoir le sol et la religion de sa patrie. Ce peuple, c'étaient les Radjapoutes, fils de rois, race noble et hautaine, à qui la prétention d'une descendance illustre inspirait une valeur héroïque. Régis par le système féodal, toujours prêts à descendre de leurs donjons escarpés au son de la cloche de guerre, ces barons du moyen-âge asiatique maintinrent leur indépendance jusqu'à la fin du XIIe siècle, époque à laquelle, vaincus et non soumis, ils payèrent un tribut au sultan de Delhi, et lui fournirent un corps de cavalerie, comme plus tard les Mahrattes aux empereurs mogols. Durant ces guerres terribles, le dialecte radjapoute subit quelque atteinte ; on découvre les traces de cette altération première en lisant les légendes, trop peu connues, rédigées vers ces mêmes temps par des bardes de la contrée. La plus populaire de ces légendes est le récit de la mort de Padmawati, reine de Tchitor, qui s'enferma dans une caverne avec treize mille femmes et y alluma un bûcher sur lequel elle et ses compagnes périrent toutes volontairement plutôt que de tomber entre les mains des musulmans vainqueurs. Ce dévouement des veuves hindoues, que les femmes souliotes ont si courageusement imité de nos jours, dans des circonstances analogues et sans le savoir, est devenu le thème favori de bien des poètes : des écrivains mahométans même ont chanté la mort de Padmawati ; mais la plus ancienne de ces élégies guerrières, et la plus touchante aussi, est écrite dans un vieux dialecte de l'Inde, mêlé çà et là de mots empruntés au persan, qui apparaissent à travers un récit ferme, simple, concis, comme autant de blessures trouant la cuirasse du guerrier.

Au reste, quand un sultan de la dynastie patane monta sur le trône des radjas de Delhi, la langue brahmanique commençait à se démembrer comme un empire trop étendu et désormais affaibli. Pareil à une statue rendue fruste par le temps, à un monument gothique ou moresque dont les pendentifs et les découpures se détachent des voûtes, ce bel idiome perdait de la richesse de ses formes, se dépouillait de ces flexions multiples qui se développent sur le radical comme les branches sur le tronc, et font jaillir du verbe, comme d'une source inépuisable, toute une gerbe de pittoresques images. De langue vivante, procédant avec logique du connu à l'inconnu, portant fleurs et fruits, capable de produire des composés sans nombre, l'idiome brahmanique se faisait pour ainsi dire langue morte, prenant les mots tels quels loin de leur racine, élaguant les terminaisons grammaticales, s'imposant de ne plus rien créer par lui-même. Chaque province altérait à sa façon ce langage si parfait ; il devenait rude et concis chez les Radjapoutes, énergique, mais sans grace, chez les Mahrattes, énervé et adouci au Bengale, plus correct, mais sans sonorité, dans l'Hindostan même. Tout annonçait dans la nation un état d'affaissement que trahissait l'épuisement d'une littérature jadis pleine de sève et de vigueur ; mais comme un grand peuple ne tombe guère sans jeter un dernier éclat qui se reflète dans quelque poème capital, il se trouva en ces temps de désastres un barde (*barda'i*) pour retracer en vers, dans une épopée de soixante-neuf livres, l'histoire de Prithwi-Radja. Ce poète, nommé Tchand, attaché en qualité de chroniqueur ou de ministre au dernier souverain hindou de Delhi, raconta les guerres du *roi des éléphants*, son maître, contre le *roi des chevaux*, prince patan, presque à la même époque où le sire de Joinville écrivait les hauts faits de saint Louis. Ils se servaient tous les deux d'une langue rude et informe ; mais l'une se mourait avec la dynastie et la gloire nationale, tandis que l'autre, encore au berceau, s'essayait à des formes plus précises, mieux arrêtées.

Ce poème de Tchand, dont la bibliothèque de Bombay possède un exemplaire incomplet, écrit en caractères anciens et défigurés comme la langue elle-même, semblait destiné à clore, par un récit douloureusement historique, la série de chroniques fabuleuses, d'héroïques légendes qui sont la base des traditions indiennes, le *Mahabarata*, le *Ramayana*, le *Raghouvansa*. Il fut très probablement rédigé à la fin du XIIe siècle, quelques années avant que le nouvel idiome, né de l'islamisme, eût reçu sa sanction et donné ses prémisses de poésie. Un écrivain persan, plus célèbre en Europe que Firdouci lui-même, Saadi de Chiraz, le gracieux auteur du *Bostan* et du *Gulistan*, composa, dans un de ses nombreux voyages à travers l'Inde, les premiers vers *ourdou* que l'on connaisse[1]. Ces vers furent écrits à Somnath, dans ce lieu de pèlerinage si révéré des Hindous, que Mahmoud le Gaznevide avait ruiné en 1022, près de cette même pagode dont les portes, jadis emmenées par les vainqueurs, viennent d'être pompeusement rapportées du pays des Afghans au milieu du peuple de l'Inde, comme pour lui faire comprendre que l'armée anglaise a entrepris sa dernière campagne dans le seul but de reconquérir cette relique chère à l'idolâtrie. Sans doute, il ne fallait rien moins que l'exemple d'un des plus grands écrivains dont s'honore la littérature musulmane pour encourager dans une voie non encore explorée les poètes de l'Inde, habitués à étudier la langue arabe avec un respect religieux, à vouer à la pratique de la langue persane un culte exclusif. Familiarisé avec les ressources de l'art, initié à tous les secrets du rhythme, Saadi jugea que l'idiome moderne de l'Hindostan était mûr pour la poésie ; il engagea ses coreligionnaires à doter leur patrie d'une littérature nouvelle qui lui fût propre. Kosrew de Delhi, qui avait connu le poète voyageur dans sa vieillesse, suivit ses conseils et essaya de marcher sur ses traces ; toutefois il ne le fit qu'avec une timidité extrême, car on a de lui un *moukhammas* (espèce de ballade) où le cinquième hémistiche de chaque strophe est en persan, et un *gazal* (petite ode), pour ainsi dire bicolore, où le premier hémistiche de chaque vers seul est en hindoustani. Mais dans un âge avancé Kosrew écrivit des stances dont le souvenir s'est conservé parmi le peuple, et qu'on chante encore ; on peut donc lui appliquer ce que disait Pétrarque d'un troubadour provençal, Arnaud Daniel :

> Anchor fa honor con suo dir novo
> è bello.

Voué dans ses derniers jours à la vie contemplative, zélé dans la voie du spiritualisme, Kosrew, qui venait de saluer par ses vers une ère nouvelle, ne put survivre à un sofi dont il s'était fait le disciple, et mourut en 1315 ; on lui éleva une tombe, disent les biographes, parmi celles où reposaient les sages de son temps, dans un endroit délicieux de Delhi.

Ces premiers essais n'étaient significatifs que pour une partie peu nombreuse de la population ; les individus et les peuples des provinces qui rejetaient l'islamisme, ou résistaient à l'invasion, continuaient d'écrire, comme ils le font encore aujourd'hui, dans ces dialectes appauvris, mais purs de tout langage étranger, sous l'invocation brahmanique de *Çri Ganeçaya nama* (honneur au dieu de la sagesse Ganeça), par opposition à la formule arabe *bism'illah*, etc. (au nom du dieu clément et miséricordieux). Fidèles à l'ancien système graphique et aux traditions d'un langage bien altéré, ils le vénéraient, comme Dante la langue de Virgile :

> O gloria de' latin…, per cui
> Mostro cio che potea la lingua
> nostra !…

Cependant, dans la première moitié du XVIe siècle, quand Baber eut mis fin à la dynastie afghane, on vit cet idiome, flottant pour ainsi dire à la surface du vaste empire mogol, pénétrer dans les masses par l'effet d'une conquête mieux établie, s'infiltrer dans les vice-royautés les plus reculées par les gouverneurs et par l'armée ; et tandis qu'il rayonnait ainsi, avec une intensité croissante, du centre de l'Hindostan vers les extrémités des provinces, les dynasties mahométanes qui s'établissaient successivement dans le sud, sur les bords de la Nerbouddah, contribuaient encore à le populariser. Surate eut ses poètes, son école littéraire, comme Delhi, comme Agra, comme Laknaw, et la nationalité hindoue, attaquée de deux côtés, s'affaiblit plus rapidement encore. Aussi, vers le commencement du XVIIe siècle, la littérature musulmane avait-elle acquis dans l'Inde son entier développement ; on eût dit que les empereurs mogols voulaient faire revivre sur les bords de la Jamouna quelque chose du souvenir des khalifes ; tenant sans doute à faire oublier leur origine un peu barbare, ils abandonnèrent peu à peu le dialecte turc-jaghataï, dans lequel Baber avait rédigé ses mémoires, et qui était celui dont on se servait à la cour. Dans une capitale si splendide, siège d'un empire immense, autour de ce trône d'or où brillait l'*asile du monde*, le roi des rois, il fallait des poètes, et il s'en trouva. Akbar, assez tolérant pour un sectateur de Mahomet, donna l'élan ; il comprit qu'une dynastie ne doit pas rester étrangère par le langage à la nation qu'elle gouverne. D'une part, il encouragea les littérateurs musulmans à s'approprier les ouvrages persans, à les faire passer dans leur langue ; de l'autre, il favorisa les écrivains hindous rebelles à la croyance nouvelle et à l'idiome qui en était l'organe. D'ailleurs, ce grand prince avait près de lui Aboulfazil, qui, après avoir pris part à ses travaux comme ministre, se fit aussi son chroniqueur ; ce fut à lui qu'il confia, conjointement avec quatre autres personnages distingués du temps (parmi lesquels on compte deux écrivains attachés à la foi brahmanique), la traduction des tables astronomiques d'Oulough-Beg. Aurang-Zeb, abhorré des Hindous, qu'il persécutait, et particulièrement des Mahrattes, qui se vengèrent sur ses successeurs de son odieuse tyrannie, eut un règne heureux et brillant, à la faveur duquel la langue musulmane prit une nouvelle consistance, et s'introduisit par le secours des armes dans plus d'une province à l'ouest de la presqu'île.

Ce qui se passait autour du palais des empereurs se

reproduisait dans de moindres proportions auprès des vice-rois et des nababs indépendants. Chaque petite cour musulmane abritait son groupe d'écrivains qui se visitaient d'une province à l'autre, s'adressaient mutuellement leurs vers, et se consultaient sans orgueil sur les subtilités de l'art poétique. Les souverains de l'Inde des deux religions tenaient et tiennent encore à honneur de protéger les lettres et de posséder des bibliothèques, d'autant plus précieuses qu'elles consistent en manuscrits. C'est en partie de leurs dépouilles que se sont formées celles dont se glorifient à juste titre les sociétés asiatiques de Calcutta, de Bombay, de Madras, ainsi que la plus riche de toutes, celle de l'*East-India-House* à Londres. L'auteur de l'*Histoire des Mahrattes* a puisé les matériaux de son beau travail dans la collection du radja de Satara, et les précieuses chroniques soigneusement conservées dans les archives des petits princes de la confédération des Radjapoutes ont fourni au colonel Todd les éléments de ses importantes *Annales du Radjasthan*. Sous le règne de Mouhammad-Shah (vers 1710), le radja Djaïsing de Djaïpour faisait traduire en sanscrit les *Éléments* d'Euclide, et demandait aux gouverneurs de France et de Portugal de lui envoyer des savants. La reine de Cannanore, d'origine arabe, qui régit des états dont on ferait le tour à pied en moins d'une journée, a, comme les rois ses voisins, comme le puissant Nizam lui-même, ses manuscrits sur feuille d'ôle, ses livres en langues diverses écrits au poinçon et avec la plume de roseau. Les musulmans de la côte de Coromandel parlent avec emphase des richesses accumulées dans la bibliothèque du nabab d'Arcot, pauvre prince qui a défense de sortir de son palais de Madras et de paraître dans sa capitale, roi déchu que l'artillerie anglaise salue de vingt-un coups de canon quand il va rendre visite au gouverneur, et qui partage ses loisirs entre ses femmes, ses éléphants et son astrologue. Tipou-Saheb se permit d'avoir son poète lauréat (Haçan-Ali), qui a laissé, sous le titre de *Fath-Nama* (livre de la Victoire), le récit de ses guerres avec les Mahrattes et le Nizam d'Haïderabad. Un autre écrivain rima, à l'occasion du mariage de ce sultan, un petit poème dont la copie, richement reliée, se trouve aujourd'hui dans la bibliothèque de Calcutta, où elle est allée se perdre avec bien d'autres livres, quand les états du Mysore furent absorbés dans les possessions de la compagnie des Indes.

Une autre preuve du goût que les souverains de l'Inde ont toujours eu pour les lettres, c'est le nombre assez considérable de ceux qui ont laissé des écrits. Le grand-mogol Shah-Alam II (qui régna de 1761 à 1806), aïeul du prince assis maintenant sur le trône nominal de Delhi, se plaisait à réunir autour de sa personne les littérateurs hindous et musulmans, et à les entendre lire leurs vers ; il voulut lui-même prendre rang parmi les hommes distingués qu'il attirait à sa cour par ses faveurs ; on cite surtout de ce monarque deux pièces qui sont devenues des chants populaires. Le biographe Moushafi a caractérisé son talent poétique par cette sentence arabe qui n'est peut-être pas d'une vérité bien absolue : « Les discours des rois sont les rois des discours ! » Mais on est moins choqué d'une pareille flatterie quand on songe qu'elle s'adresse à un prince à qui la fortune a donné de si terribles leçons. Il disait lui-même dans un de ses refrains : « Je passe le matin avec la coupe, le soir avec ma bien-aimée. Dieu seul sait ce qui doit arriver ! » ce qui est moins d'un sofi que d'un épicurien. Le nabab d'Oude, Açaf-Ud-doullah, accueillit avec égards les écrivains chassés de Delhi par les désastres dont cette capitale devint le théâtre vers 1775, et ne fut pas le dernier en mérite dans cette pléiade de poètes expatriés qui donnèrent à sa cour un nouveau lustre. Deux rois de Golconde se sont fait remarquer aussi à des époques diverses par leur talent dans l'art d'écrire. L'un, Kouli-Coutb-Shah, qui régnait il y a près de trois siècles, est auteur d'un grand nombre de poésies recueillies à la manière européenne, sous forme d'œuvres complètes, en un gros volume qui, après la ruine de ce royaume conquis par Aurang-Zeb, disparut pour reparaître plus tard dans la bibliothèque de Tipou, où il ne devait pas rester longtemps. L'autre, Aboulhaçain-Shah, le dernier de la dynastie, rimait avec grace et facilité sur le trône chancelant d'où l'empereur mogol le précipita dans une prison qui devint son tombeau. Avec les deux fils du nabab Ashraf-Khan, forcés de fuir Delhi et de se retirer à Bénarès, cette Rome de l'Inde où les têtes découronnées trouvent toutes un asile, tant l'idée du pouvoir temporel s'efface devant les souvenirs religieux de l'antique cité, avec ces deux jeunes gens résignés à chercher une consolation dans la pratique des lettres, nous citerons encore

Soulaiman Shikoh, grand-oncle du souverain actuel de Delhi. Après avoir traîné ses ennuis à Laknaw, à la cour de son frère Akbar II, il mourut à Agra en 1838, laissant, sinon à la postérité, du moins dans la bibliothèque du Nizam, un recueil probablement trop vanté par les biographes. Enfin Tipou, qui fut sans doute trop grand sabreur pour être bon poète, a écrit, dit-on, dans le dialecte du sud son volume complet, son *diwan* de chants détachés et d'élégies. On a encore de lui deux ouvrages rédigés en langue persane, dont l'un, le *Zabardjab*, traité d'astrologie, rentre mieux dans le caractère de Tipou, car les conquérants sont tous un peu portés à demander aux astres le secret de leur destinée. En général, ces écrivains de haut parage prenaient pour rimer un surnom poétique (*takhallous*), tout comme le plus humble des poètes ; ils n'avaient pas plus de honte de cacher leurs titres souverains sous cette devise littéraire que n'en éprouvaient nos princes dans les temps chevaleresques à entrer dans la lice des tournois sous des couleurs de fantaisie qui les couvraient du voile de l'incognito.

À l'autre extrémité de l'échelle sociale, comme pendant à ces nababs qui cherchaient pour la plupart dans la culture des lettres un aliment à la vanité ou un remède contre les ennuis et le chagrin, nous trouverions, en parcourant la foule, des poètes pauvres qui chantaient d'inspiration au milieu de rudes travaux, comme jaillit la source à travers les cailloux. Les consciencieux biographes n'ont pas dédaigné de placer leurs noms à côté, quelquefois même au-dessus de ceux des empereurs ; aux époques et dans les pays où l'imprimerie n'existe pas, il y a certainement quelque gloire à survivre à son siècle, non sous la forme d'un in-8° de commande, mais dans le souvenir des peuples d'un autre âge. Ainsi le porteur d'eau Macsoud, tout en versant aux vendeurs du bazar de Delhi les flots limpides de son outre remplie à la Jamouna, leur débitait ses stances à flots aussi ; il devint le poète favori des habitués de la place publique ; ses chants, qu'apprit par cœur une foule amusée et fière peut-être d'avoir, comme les rois, son improvisateur toujours en verve, sont répétés encore de nos jours dans les foires et aux fêtes joyeuses du Hôli. Il y a cinquante ans, vivait à Delhi encore, dans cette ville de gais rimeurs et de rêveurs contemplatifs, le barbier Inâyat Ullah, qui, sans être homme d'imagination et de vrai talent comme le coiffeur d'Agen, le poète Jasmin, se fit remarquer par la vivacité de ses pensées et la facilité de sa versification. Épris de la dignité de sa profession autant que ses confrères d'Andalousie, il disait : « Mieux vaut être barbier, comme moi, que d'être cette jeune bayadère dont tout le mérite consiste dans la fraîcheur des joues, fraîcheur, hélas ! que le temps flétrit si vite ! » Mais à force de raser un sofi célèbre de son temps et de teindre deux fois par semaine la barbe de ce saint personnage, qui ne semblait pas avoir renoncé aux vanités du siècle, Inâyat, de barbier, devint philosophe et se voua à la vie contemplative. Le repriseur de châles Arif, Kachemirien de naissance, composait alternativement en persan et en hindoustani de jolis vers qu'il récitait dans sa boutique, et dont ses amis ont gardé la copie. Enfin, dans les rangs de l'armée, nous trouvons un jeune soldat dont le nom, Courban (sacrifice), était comme le présage de la mort glorieuse qu'il devait trouver à Faïzabad, en combattant contre les Anglais.

Pour compléter cette liste des anomalies littéraires dont l'Inde musulmane fournit tant d'exemples, nous prendrons encore, au palais et dans les faubourgs, deux noms de femmes. Le visir Amad-Ulmoulouk, qui déposa son maître Ahmed-Shah, lui creva les yeux, et donna le trône à Alamguir II pour l'assassiner bientôt après, ce ministre ambitieux et cruel eut la fantaisie de faire prendre à sa femme légitime la Begam Gannâ (canne à sucre) des leçons de rhétorique auxquelles, pour sauver le décorum, il assistait lui-même. Ces leçons firent de l'épouse du visir un poète assez médiocre, mais il est curieux de voir un mahométan de haut rang suivre l'éducation littéraire de sa femme légitime, et ne pas craindre de la voir occuper dans les biographies une place que des courtisanes seules lui disputeront ; car en Orient aucune femme ne reçoit même les premiers principes d'une instruction élémentaire, si l'on excepte les almées, qui, vivant en dehors de la société, ont besoin, pour y entrer à un prix quelconque, de rehausser par les graces de leur esprit les charmes de leur personne. La Chine, qui ne compte qu'une *lettrée* célèbre, doit à ses courtisanes bien des drames réimprimés dans les collections choisies ; et les chants érotiques, les élégies passionnées qui retentissent au son des instruments dans les palais et les salons des nababs et des riches, les pantomimes si vives, si dramatiques parfois, qui tiennent en suspens tant de graves personnages accroupis sur de somptueux coussins, les jeux scéniques en honneur sur les bords du Gange et de l'Indus, sont souvent l'ouvrage des bayadères qui les exécutent. Aussi voit-on de toutes petites filles, destinées par leur naissance à cet humiliant métier, s'asseoir à côté des jeunes garçons, le livre à la main, dans ces écoles à peu près en plein air, où le vieux maître range ses élèves sous la galerie de sa maisonnette, à l'ombre de quelques mauvaises nattes percées. Ce fut sans doute ainsi que se forma la fameuse courtisane Môti ; elle a laissé des vers spirituels et gracieux ; son nom a survécu à sa fragile beauté, tant dans ses propres poésies que dans celles d'un jeune écrivain, Mirza-Mactoul, qui lui voua un fidèle amour, et lui consacra des stances dans lesquelles le mot *môti* (perle) revient, selon le rythme, à des intervalles égaux, comme les brillants semés au pan de la robe de la danseuse.

En recueillant ainsi les noms de ceux et de celles que leur position semblait devoir placer en dehors de la masse des écrivains, et qui, à la vérité, n'en forment pas le groupe le plus choisi, nous avons voulu faire comprendre combien le goût de la poésie était répandu dans l'empire du Grand-Mogol durant le XVIIe et le XVIIIe siècle. Mais qu'était cette littérature mixte et mêlée, née d'une inspiration étrangère, produite par une religion dont les traditions étaient ailleurs, à l'aide d'une langue formée de tous les idiomes musulmans entés sur des radicaux sanscrits, et qui se développait comme une plante parasite sur l'arbre humilié de la nationalité hindoue ? C'était quelque chose de factice qui sentait la conquête ou au moins l'invasion, une imitation, souvent même une répétition de ce qu'avaient dit, dans un langage plus homogène ou plus parfait, les écrivains arabes et persans. Les poètes hindoustani, comme cela arrive toujours dans les temps de renaissance, où l'on prend des modèles loin du sol, semblent généralement moins préoccupés de mettre en lumière une pensée qui leur est propre que de remplir un cadre donné. Aussi ne trouve-t-on guère en eux cette originalité qui doit être le cachet de chaque littérature, comme elle l'est de chaque peuple ; ils ne sont plus Hindous ; leurs regards franchissent une vaste contrée peuplée de légendes, où chaque arbre est une divinité, chaque ruisseau un lieu de pèlerinage, où chaque pagode a sa chronique et ses miracles, pour chercher au-delà des mers la tombe du prophète. En s'interdisant avec rigueur la représentation, par la peinture ou la statuaire, de toute créature animée, les musulmans ont renoncé aux plus puissants effets de l'art ; dans le cadre de leurs édifices aux lignes harmonieuses et hardies, il y a un vide sensible que ne comblent ni le luxe des arabesques ni la profusion des détails ingénieux ; c'est la forêt avec ses fleurs, moins les oiseaux qui l'animent. De même, dans leurs poésies détachées, dans tout ce qui n'est pas poème et légende, récit élégiaque ou guerrier, il manque l'image de l'homme sous le point de vue de la vie intime, le côté dramatique et vivant, partout sensible dans les œuvres de la littérature brahmanique ; de là résulte une nature de convention hors de laquelle l'écrivain cherche à s'élancer par l'hyperbole. Le caractère à la fois contemplatif et sensuel des musulmans se trahit sans cesse dans ces odes soutenues, où l'union avec Dieu est représentée sous l'allégorie d'un amour plus terrestre ; l'intelligence du poète, singulièrement excitée, semble dans un état de délire voisin de celui que l'opium procure aux sens.

On conçoit dès-lors que les poètes hindoustani aient dû s'approprier la métrique arabe avec de légères modifications, sauf à faire quelques emprunts aussi à celle des Persans ; ils aiment le *cacidah*, espèce d'ode prolongée sur une seule et même rime, dans laquelle la pensée est tenue comme en suspens sur les deux termes d'une comparaison partagée entre les deux moitiés de chaque vers, le *masnewi*, plus animé, coupé par des repos où l'auteur prend haleine, et formé de lignes cadencées rimant par hémistiche, comme le vers héroïque anglais. Dans le *tardji-band*, la même désinence, soutenue pendant toute la strophe, est variée par la double rime de deux hémistiches jetés à des intervalles égaux et se dessinant sur un rythme trop uniforme, comme le nœud plus serré sur l'écorce lisse du bambou. Le *moukhammas* est presque une ballade divisée par petites stances, dont le dernier vers répète une rime unique qui devient comme un refrain à l'oreille. Mais les littérateurs musulmans de l'Inde ont une prédilection particulière pour le *gazal*, ode assez courte qui ne dépasse guère quinze vers roulant tous sur une même rime ; c'est dans ce cadre de quelques lignes que les Arabes surtout excellent à peindre avec la vigueur de tons qui leur est propre les yeux de la gazelle et la crinière flottante des cavales. Le poète assez fécond pour avoir épuisé, en rimant ses gazals, toutes les lettres de l'alphabet, enfile ces précieuses perles et en fait un chapelet ; puis il donne le nom de *diwan* à cet édifice littéraire, le plus estimé de tous, qu'il a signé ingénieusement de distance en distance, en insérant son surnom poétique dans chacun des vers qui précède un changement de désinence. Toutefois, les faiseurs de *diwan* ont eu dans l'Inde une tâche plus facile que leurs modèles, libres qu'ils étaient de puiser à loisir aux triples sources de leur idiome renouvelé, et il résulte de cette surabondance d'expressions, parfois altérées dans leur orthographe, qu'à ces jeux d'esprit déjà familiers aux Orientaux ils ont joint trop souvent les jeux de mots. Alors le vers présente un mirage fatigant, un nuage d'images fuyantes ; on y remarque au plus haut degré ce désolant papillotage, ce bavardage facile qui est l'écueil des langues méridionales, trop sonores et trop brillantes ; ces strophes semblent plus faites pour être écoutées que pour être lues ; elles rappellent certaines fleurs largement épanouies, mais inodores.

Doit-on conclure de ce qui précède que la littérature musulmane de l'Inde soit nulle et non avenue ? Non. Les beaux édifices de Delhi et d'Agra, pour être frères puînés de ceux de Bagdad et du Caire, n'en sont pas moins, pris à part, dignes d'admiration. Sous le régime brahmanique, à force de regarder à travers le prisme d'une religion panthéistique, l'imagination des poètes devenait sujette à des éblouissements : toute la littérature de cette époque est pour ainsi dire sacrée, parce que tout émanait du pouvoir spirituel ; mais sous le règne de l'islam, la puissance temporelle se fit sentir d'une façon sérieuse, et la poésie prit un autre caractère. À côté des traités philosophiques et religieux, à côté des hymnes en l'honneur du martyr Hucaïn, parurent des panégyriques, des chants joyeux, des élégies gracieuses ; l'Inde eut autant de faquirs qu'elle avait eu d'ascètes, mais de plus des écrivains épris de la forme, aimant les lettres pour les satisfactions qu'elles donnent à l'esprit, sans y attacher l'idée d'enseignement. Le mouvement littéraire que le XVIIe et surtout le XVIIIe siècle virent se produire dans toute cette partie de l'Asie, et dont Delhi fut longtemps le centre, n'était pas sans rapport avec celui dont la France subit l'impulsion au commencement du règne de Louis XIV ; il y eut des maîtres auxquels chaque écrivain se hâta de se rallier, des réunions pour ainsi dire académiques, dans lesquelles chaque poète lisait ses vers, que l'on applaudissait tout en disant bas, sans se l'avouer :

> Nul n'aura de l'esprit que nous et
> nos amis.

Dans ces *gazals*, dans ces *marcyahs* (élégies), chacun prodiguait de son mieux les expressions emphatiques, les images prétentieuses, les coquetteries du langage ; les beaux-esprits faisaient assaut ; l'art était leur unique affaire ; sans distinction de rang ni de fortune, ils admettaient parmi eux quiconque rimait avec grace, et formaient une société paisible qu'animait sans la troubler la verve plus piquante de quelques écrivains satiriques. Dans une de ces réunions qui se tenaient le 15 de chaque mois chez Mir Taqui, le roi du *maçnewi* et du *gazal*, vers 1780, on vit entrer Dana, poète distingué, retiré depuis peu de la vie du monde et des affaires temporelles pour se vouer à la pauvreté spirituelle. On était au jour du Hôli, du carnaval indien, où le peuple aime à se déguiser de mille façons, et Dana se trouvait si singulièrement costumé, que Rafi Sauda, surnommé le Juvénal de l'Inde par les Européens, s'écria en le voyant : « Mes amis, voici quelqu'un déguisé en ours ! » On ne dit pas que le pieux personnage se soit fâché d'une pareille apostrophe, qui mit en gaieté toute l'assemblée. D'ailleurs, Sanda pouvait se permettre certaines libertés ; reconnu de son vivant même pour le prince des poètes, reçu avec distinction partout où l'appelait sa profession de militaire dans les armées de Delhi, partout où il porta ses pas errants après la dévastation de cette capitale, il a eu les honneurs, sinon d'une édition, au moins d'une copie illustrée qu'on voit à la bibliothèque de Calcutta. À cette même académie, dont Mîr était l'ame, paraissait aussi un écrivain moins connu, Garib, qui se plaisait à étudier dans les bosquets les amours de la rose et du rossignol, si chantés en Orient, et qu'on surnommait, pour cette raison, *le libertin des jardins*. Mais avant Mîr Taqui, et durant les derniers jours de la splendeur de Delhi, le sceptre de la littérature musulmane était aux mains de Dard, poète à la fois gracieux et grave, considéré longtemps comme le guide des spiritualistes, et dont presque tous les écrivains de la fin du XVIIIe siècle se vantent d'être les disciples. Après avoir été militaire, il *s'assit sur le tapis des derviches*, comme tant de personnages distingués de son temps, et institua ces réunions dont son élève Mîr fut le président après lui. L'empereur lui-même étant venu le visiter dans sa retraite, il le reçut à peine, tant était grande son insouciance des choses du monde. Fuyant la ville et ses pompes, il réunissait chaque mois des musiciens sur le tombeau de son père, et la foule s'assemblait autour de cet orchestre, qu'il dirigeait en personne. On nous excusera sans doute de citer ici une partie de ce que raconte de lui le biographe Ali-Ibrahim[2] : « ... Lorsque, par suite de nombreux malheurs et d'accidents successifs, Shahdjahanabad (Delhi), — qui était le lieu de réunion des notabilités en tout genre du quart habité de l'univers et la demeure des gens les plus distingués par leurs qualités et par leur naissance, — tourna sa face vers la destruction ; lorsque chacun, tant parmi les grands et les petits que parmi les derviches assis dans l'angle de la pauvreté et les gens riches et puissants, ne pouvant supporter cet état déplorable, ne vit rien de mieux que de quitter cette ville infortunée, Dard, cet homme de famille illustre, souffrit patiemment les calamités qui étaient tombées sur sa patrie ; il se résigna à ces évènements fâcheux sans jamais abandonner sa ville natale. Il vécut là retiré du monde, et ne s'éloigna pas seulement à un demi-mille de Delhi. »

Ce passage donne une idée du style des écrivains musulmans de l'Inde ; il est rare même qu'ils soient aussi simples ; d'ordinaire, il leur faut des images et des périphrases. Un biographe parle-t-il de la mort d'un poète qui périt au retour de son pèlerinage à la Mecque, il dira : « Le vaisseau de la vie de ce personnage qui connaissait l'océan de l'élocution périt dans le tourbillon de la mort. » Cet autre n'a pas achevé paisiblement sa carrière, mais, « éloquent rossignol, il s'est échappé du filet de l'existence » en telle année de l'hégire. Toutefois, dans la satire, dans la poésie descriptive, lorsqu'ils écrivent d'inspiration, sur les choses de leur pays, quand ils échappent à cette préoccupation d'une littérature étrangère trop assidûment étudiée et trop fidèlement imitée, ces mêmes auteurs savent retrouver en partie la verve de leurs ancêtres. Ainsi Azfari de Delhi annonce le printemps par les lignes suivantes : « Le printemps s'avance avec force et bruit ; nous le voyons causer du plaisir aux jeunes têtes. Dieu soit notre sauvegarde contre les insensés ! Le printemps arrive ; il vient réveiller le tumulte qui était assoupi. Le printemps fait voler sur vous sa poussière ; voici que les enfants jettent des pierres dans le bazar... Gare à votre tête !... Libertins, montez vite le vaisseau de l'ivresse ; le printemps étale dans les jardins mille fleurs épanouies... » Au retour de l'hiver, le sheik Mouhammad Baim, gouverneur de l'arsenal de Delhi, s'écriait : « L'hiver est si rigoureux cette année, qu'au matin le soleil lui-même tremble de froid ; bien plus, on dirait qu'il n'y a plus de soleil dans le ciel, et que le firmament cache ce réchaud dans son sein. Sur les étangs se déploie une couche d'écume verdâtre qui a l'apparence d'une couverture de cachemire ; on passe le jour à se chauffer aux rayons du soleil, la nuit on s'enveloppe d'un épais tapis. Le ciel est toujours revêtu de son manteau de satin ; c'est la voie lactée qui apparaît sous le costume du brahmane (à la blanche écharpe). La cigogne vient à peine se poser sur la rivière, et s'envole bientôt à tire-d'aile. Le chemin dans lequel il est tombé une neige toute blanche ressemble au cardeur, quand il est recouvert de flocons de coton. Du ciel sort un bruit sourd ; un vent froid et violent se fait sentir, qui secoue les arbres nuit et jour... Les plus riches s'enveloppent réellement de coton, comme la poire ou le raisin qu'on veut conserver... » À côté de ces lignes, auxquelles le rythme donne un mouvement qui ne peut se transmettre par la prose, qu'on nous permette de citer par fragments une satire du spirituel Sauda. Il attaque le chef de police (*kotowal*) de Delhi avec une franchise et une vivacité qui font de son petit poème une peinture de mœurs : « Qu'est devenu, ô mes amis ! cet ordre qui régnait jadis ? Le voleur de citrons avait la main coupée ; on enchaînait celui qui dérobait du bois, et, pour une citrouille prise, on mettait à mort le coupable. Il n'était pas question alors de suborner le kotowal ; le nom de voleur n'existait pas dans le monde. Quel repos, quelle sécurité dans la ville !... Comme les mortels passaient doucement leur vie ! Aujourd'hui, partout où l'on jette les yeux règne l'impudence, partout il y a des voleurs, des escrocs, des assassins. Devant la place du marché, la plaine de Talaori, si remplie de voleurs, a perdu toute sa célébrité... Celui qui se rend au bazar pour trafiquer d'un *paiça* (un sou) perd son turban et reçoit des coups à la tête. Comment en serait-il autrement depuis que Saïda Kaphor est notre chef de police ? Quand les voleurs reconnaîtront-ils l'autorité d'un homme pour lequel ils professent un si profond mépris ?... Il est le soutien des perturbateurs, le frère de ceux qui nous pillent ; il est lui-même un voleur. Devant sa porte, il a toujours des vauriens qui jettent la désolation de maison en maison. Non-seulement l'assassin arrive jusqu'à sa protection, mais encore il entretient des relations avec les petits escrocs. S'il voit sur la tête de quelqu'un un châle d'un grand prix, c'est comme si ce châle était la propriété de son père, son héritage !

« Au retour de la patrouille, le joueur de trompette fait résonner son instrument. « Écoutez, voleurs, en deux mots voici le décret : apportez au matin une part de vos travaux au chef de police ! » — Son espion le plus rusé, regardez bien, c'est encore un escroc, car tout ce qu'il a de gens employés à son service est passé maître dans l'art de voler... Mais malheur au propriétaire dans la maison duquel entrera leur maître ! Qu'il ait bien soin, ce propriétaire, que tout soit caché chez lui depuis la boîte aux parfums jusqu'à la cassolette au bétel, car telle est l'agilité de leurs mains, qu'ils lui jetteraient de la poudre aux yeux, et celui qui demeurerait inattentif en leur compagnie perdrait jusqu'aux vêtements qu'il porte sur lui… Parlerai-je de ce qui se passe au milieu de la ville ? Chaque soir, c'est un tumulte comme si le jour du jugement était venu ; la nuit, c'est une conversation de clairons, comme si les séraphins faisaient retentir leurs trompettes ; les chiens font un tel vacarme en aboyant, que les trépassés en sont éveillés du sommeil de la mort !… Jeunes et vieux ne s'assoient plus le soir au banquet sans avoir fait des provisions de guerre ; à l'éclat de l'aigrette d'or brillant sur le turban, le voleur arrive comme le papillon attiré par la bougie… Que les jeunes et les vieux portent leur jugement sur mes paroles ; ai-je grand tort en tout ceci, quand telle est la haute capacité des voleurs, qu'ils se servent de la voie lactée comme d'une échelle pour escalader la maison des cieux ? Et celui qui trouvera insignifiantes les plaintes de Sauda, celui-là en aura *dérobé* le vrai sens. »

La fée de l'Orient, la péri a souvent aussi inspiré les écrivains musulmans de l'Inde, ils l'ont adoptée avec les djins et les dives ; c'est elle qui bâtit dans les airs les palais étincelants que voient dans leurs extases le buveur d'opium et le fumeur de hatchitch. Elle est le principal personnage d'une foule de petits romans en vers, vrais drames féeriques où les changements à vue transportent le lecteur de la terre aux cieux, d'un jardin enchanté à un palais illuminé d'émeraudes. Ces contes sont de la famille des *Mille et une Nuits* arabes ; ils tiennent aussi par quelques côtés aux nouvelles fantastiques chinoises, aux légendes racontées par les Persans dans le caravanserail, aux contes de Perrault, à ceux que l'on répète en Occident autour du foyer. C'est dans le domaine de l'imagination que tous les peuples se retrouvent. Ceylan (Sarandip), limite extrême du monde connu et fréquenté par les anciens navigateurs de la mer Rouge et du golfe Persique, cette île, entourée de bas-fonds à sa pointe, hérissée de montagnes aiguës, peuplée de grands singes et habitée jadis par des sauvages cachés dans les forêts, a été souvent choisie par les écrivains hindoustani comme par leurs ancêtres, comme aussi par les conteurs arabes, pour le théâtre des merveilleuses aventures d'un héros imaginaire. Combien de mauvais génies et de péris bienfaisantes hantaient ces pics aériens, guettaient le voyageur dans les cavernes, sous les bois pleins d'ombre, ou les enlevaient dans les beaux nuages diaphanes suspendus comme un dais sur les hautes arêtes de l'île ! Plutôt que d'analyser une de ces compositions insaisissables qui s'évanouissent comme la bulle de savon sous la main qui la touche, nous emprunterons à Mir-Goulami-Haçan quelques lignes de son histoire du prince Bénazir ; c'est une danse de bayadères qu'on peut donner pour échantillon du style descriptif.

« ...... Ainsi l'allégresse se répand de tous côtés, et les bayadères commencent leur danse. Deux jeunes filles brillent dans l'assemblée ; des anneaux sonores retentissent à la cheville de leurs pieds. Elles se baissent et se relèvent avec grace, elles se montrent les deux mains croisées sur le sein. Une boucle étincelle à leurs oreilles, l'anneau du nez s'agite à chaque pose nouvelle ;

tantôt le cœur est subjugué par leurs pieds en mouvement, tantôt c'est par le regard qu'elles captivent. Tour à tour elles laissent voir leur riante beauté, et cachent sous le voile le vêtement qui presse leur taille. L'une porte au visage l'ornement de la boucle suspendue aux narines, au poignet de l'autre resplendit le bracelet de neuf perles ; celle-ci a noirci ses dents avec la poudre du *missy*, celle-là semble plus fraîche que la rose ; telles apparaissent ensemble au crépuscule du matin la nuit et l'aurore. Toutes ont le pur éclat des fleurs à peine écloses ; le gracieux mouvement de leur cou captive et subjugue ; tantôt elles promènent leurs regards au hasard, tantôt à la dérobée elles lancent de vives œillades. À chaque note perce en elles cette pensée : Prenons, prenons les cœurs ! » Plus loin, le poète décrit ainsi les jeux des compagnes de la péri qui a enlevé le jeune prince : « Elles vont et viennent de tous côtés, elles errent au hasard avec toute la coquetterie de la première jeunesse. L'une frappe ses mains, l'autre fait claquer ses doigts ; elles laissent éclater un rire bruyant et répètent de joyeuses chansons. Celles-ci sont assises nonchalamment sur leurs sièges, celles-là poussent des cris de joie et de plaisir ; l'une agite les anneaux retentissants qui ornent ses poignets, l'autre lance des exclamations d'allégresse et de bonheur. L'une montre aux regards tous les anneaux qui la parent, l'autre la dentelle de sa robe légère, cette autre encore son voile transparent. Celle-ci, gracieusement assise, fume le houkka ; celle-là, plus hautaine, brave l'amour… Ici, en voici une qui se plonge dans le bassin ; là, c'en est une autre qui s'assied au bord du ruisseau et agite ses pieds à la surface. Celle-ci écoute les contes de sa perruche, celle-là fixe ses yeux sur son oiseau-moqueur. Plus loin, cette jeune fille frappe doucement sa voisine, cette autre s'assied et peigne sa chevelure ; celle-ci cherche dans la boîte au *missy* la teinture dont elle entoure sa paupière, celle-là trace autour de ses lèvres la ligne noire. Ce sont les sœurs jumelles des roses ; dans le jardin, c'est comme un parterre flottant. »

À côté de ces scènes gracieuses qui ressemblent si bien aux dessins de l'Inde, enluminés et rehaussés d'or, et auxquelles manque, comme dans ces tableaux, la variété des fonds et l'entente des plans, on doit placer les chants populaires. Par ce nom, je désignerai les élégies religieuses chantées dans les fêtes du Mouharram, les stances qui égaient les mascarades et les réunions du Hôli, les petits poèmes mis en musique que récitent langoureusement les bayadères en se balançant d'un pied sur l'autre, en élevant leurs bras nus ornés de bracelets, en écartant d'une main chargée de bagues le voile fixé dans les cheveux avec l'épingle d'or. Le plus souvent, ce sont des vers composés par d'anciens poètes dont le nom s'est perdu, des strophes écloses sur la place publique comme tant de beaux *romances* insérés de nos jours dans les recueils espagnols, parfois aussi des chansons improvisées, en l'honneur du maître qui donne la fête, par les danseuses elles-mêmes. Ces dernières compositions, presque toujours assez profanes, sont la contre-partie des odes graves et pieuses que l'écrivain musulman aime à mettre en tête des ouvrages de longue haleine, comme une introduction, comme une paraphrase de l'invocation d'usage : « au nom de Dieu clément et miséricordieux. » En un mot, aux deux extrémités de cette littérature, on retrouvera l'amour divin et l'amour terrestre, parce que l'homme, quelle que soit sa croyance, va toujours, dans l'élan de sa pensée, de la terre aux cieux et des cieux à la terre.

Sous ce régime nouveau, l'Inde n'était plus, comme on le voit, le pays des croyances terribles et mystérieuses, des épopées gigantesques. Les brahmanes hautains, retirés dans le sanctuaire, dépouillés d'une influence conquise depuis tant de siècles par l'accaparement complet de l'enseignement et l'intelligence plus ou moins précise des traditions, les brahmanes, déchus dans l'Hindostan, regardaient sans doute en pitié ces rimeurs beaux esprits. Le flot de l'islamisme, qui avait inondé Delhi, l'ancienne Hâstinapour (ville des éléphants), et fait éclore autour d'eux des sages d'une nouvelle espèce, battait en brèche l'édifice de leur puissance. Durant cette période, où les empereurs mogols, dédaignant la pagode comme un temple de faux dieux, envoyaient les fidèles en pèlerinage à la Mecque et se tenaient ainsi en communion avec les états musulmans, les études brahmaniques brillaient encore d'un certain éclat dans la presqu'île, loin du siège d'un gouvernement hostile, chez les Mahrattes, dans le Travancore, à Maduré ; mais comme les prêtres de Brahma s'étaient dispersés devant les cavaliers de Timour, ainsi, quatre siècles plus tard, devant les armées mahrattes qui incendiaient et pillaient les faubourgs de Delhi, se turent et s'enfuirent les poètes musulmans. À l'exception de Mîr-Dard, qui resta obstinément dans sa patrie, comme nous l'avons dit plus haut, tous les écrivains distingués de cette époque, et ils étaient nombreux, vinrent se réfugier à Laknaw, près du nabab Açaf Uddoullah. Les brahmanes étaient vengés. Les fugitifs furent généreusement accueillis par ce prince intelligent, qui, sauvant les débris de ce grand naufrage, donna à celui-ci une pension, à celui-là l'investiture d'un fief, à cet autre une place à la cour. À Laknaw se tinrent les dernières réunions littéraires, les dernières assises de ces adeptes de la gaie science ; puis peu à peu, pour parler leur langage, les flambeaux de l'éloquence s'éteignirent, avec le siècle qui avait vu pâlir et s'effacer la gloire de leur patrie, à l'aurore de celui qui confirmait en Asie le triomphe des armées anglaises.

Vers ce même temps aussi, quatre biographes avaient eu l'idée de recueillir les noms et quelques fragments des ouvrages de ceux à qui une époque à jamais passée devait son illustration ; ils songèrent à rendre plus complets les travaux de ce genre entrepris avant eux. Quand le bruit se répandit dans l'Inde que des monuments littéraires allaient s'élever en honneur des écrivains morts et contemporains, ce fut à qui, parmi les auteurs secondaires et les rimeurs des provinces reculées, enverrait quelque échantillon de son savoir-faire, tant chacun était avide d'avoir une place dans ce *parterre de roses, dans ce jardin de l'éloquence*, comme on intitule généralement ces recueils en Orient. S'il existait de pareils ouvrages sur la vieille littérature hindoue, on éprouverait moins de difficulté à classer les anciens textes ; mais l'orgueil de la caste brahmanique était au-dessus de ces petites vanités.

Avec le XIXe siècle commença dans l'Inde une ère nouvelle ; la littérature musulmane ne périt pas à la chute des empereurs qui l'avaient longtemps favorisée ; elle trouva aide et protection auprès des gouverneurs anglais, qui écoutaient en même temps les doléances des représentants du brahmanisme. Après tout, une conquête européenne n'entraîne pas la barbarie après elle ; la politique prescrivait aux nouveaux maîtres de respecter les anciens usages ; pour les bien connaître, il fallait les étudier dans les textes nationaux. Tout en favorisant les collèges brahmaniques de Poonah et de Bénarès, tout en maintenant les anciens pèlerinages (qui d'ailleurs rapportent à la compagnie un assez beau revenu), tout en poussant la tolérance jusqu'à encourager les cérémonies de l'ancien culte, ceux qui succédaient de fait aux empereurs mogols durent prendre les choses où elles en étaient et accepter la langue qui était la plus répandue dans toutes leurs possessions. Ce ne fut plus, cette fois, autour du trône où siège l'ombre d'un monarque, mais dans les villes centrales de ce nouveau pouvoir, que les écrivains musulmans reparurent ; il y avait pour eux une place dans les écoles fondées par les Anglais pour l'enseignement, mieux dirigé, des indigènes. Calcutta surtout eut le privilège d'attirer, non pas précisément les poètes, car la prose dut l'emporter sur les vers dans l'empire reconstruit à neuf, mais les érudits, les hommes intelligents, habiles dans l'art d'écrire, dont le talent fut adapté à d'utiles travaux. Parmi les savants anglais qui s'occupaient, à travers toutes les provinces, du dialecte local ou de la langue primitive, il s'en trouva plus d'un qui s'attacha à la culture et à l'encouragement de l'idiome hindoustani. C'est ainsi qu'Afsos, appelé dans la capitale du Bengale par lord Wellesley, rédigea, sous la direction du docteur Gilchrist, entre autres ouvrages importants, son *Araïsch-i-Mahfil*, statistique et histoire de l'Inde, livre précieux où des vers descriptifs pleins d'élégance se mêlent à une prose facile et remarquable par sa précision. Grace aux lignes rimées qui coupent le texte, ce travail devient plus littéraire encore que scientifique ; mais on peut pardonner les ornements du style et les élans un peu hardis de l'imagination à celui qui peint au passage tant de merveilleux édifices et de fabuleux évènements. Un autre professeur du Fort-William, Mirza-Ali, agrandit la sphère de ses études, et, embrassant à la fois trois époques, il mit en prose *ourdou* et sous forme de roman la dramatique histoire de Sacountala, rédigea sur la version persane de Firischta les chroniques de la dynastie Bahmanie du Deccan, et déploya dans ses tableaux des *Douze Mois* (*Barah-Mâca*) la longue et curieuse série de fêtes qui se partagent l'année hindoue et musulmane. Ce sont là des ouvrages de bibliothèque, à côté desquels il faut placer ceux que les écrivains mahométans, sous la direction de leurs maîtres, traduisirent du persan avec un soin particulier : les chroniques d'Assam, où l'on trouve de précieux documents sur la géographie de cette contrée, peu connue en Europe, et sur les peuples qui l'habitent ; l'histoire de Tabarî, les faits et gestes d'Akbar, en un mot tous les manuscrits célèbres en Orient, dans lesquels ont été consignées, à des époques diverses, les annales des grands empires. Un écrivain orthodoxe du royaume de Golconde, Jafar Scharif, donna dans son *Canoun-i-Islam* (*Règles de l'Islam*) l'ensemble des rites et cérémonies usités chez les musulmans du sud *depuis le moment de la naissance jusqu'à l'heure de la mort*. Dans les trois présidences, il parut aussi des travaux de linguistique ; une grammaire en vers fut rédigée à Calcutta presque en même temps qu'une seconde en prose, écrite à Bombay et dédiée au gouverneur Elphinstone, et, dans ces dernières années, un professeur de Madras réunissait en un glossaire spécial tous les mots propres au dialecte du Deccan, tels qu'il les avait recueillis lui-même, en voyageant dans les provinces où s'est formée cette *langue d'oc* de l'Inde. Enfin, il y eut union complète entre l'Asie et l'Europe, entre les descendants des Mogols et les conquérants modernes, entre les deux littératures surtout, quand Mîr-Haçan-Ali, musulman-hindou distingué, vint occuper une chaire dans la Grande-Bretagne, au collège d'Addiscombe, et y épousa une femme anglaise, qui l'accompagna ensuite à Laknaw et consentit à s'enfermer dans son harem.

Ils ne changèrent de religion ni l'un ni l'autre. Haçan traduisit en hindoustani l'Évangile de saint Matthieu et *le Vicaire de Wakefield* ; de son côté,

Mme Haçan, de retour en Europe après la mort de son époux, publia l'intéressant ouvrage intitulé *Observations on the Musulmans of India*, auquel celui-ci avait indirectement coopéré.

Cette mention des Évangiles nous amène à parler des travaux sérieux dont s'occupèrent bientôt en Asie les Européens et les indigènes, dans le zèle qui les animait pour leur religion respective. La presse offrait aux chrétiens une ressource immense que leurs adversaires ne négligèrent pas à leur tour. Non-seulement nos livres saints, traduits en langue *ourdou*, étaient répandus à profusion dans toute l'Inde par les missionnaires anglicans et américains, mais encore l'étude du sanscrit, régénérée par les soins du gouvernement britannique, ranimée par les savants de l'*Asiatic Society*, portait ses fruits : les textes anciens, les traités philosophiques, les livres de lois, les épopées brahmaniques, paraissaient au grand jour, dans de beaux livres lisiblement imprimés, corrigés et revus avec une incroyable exactitude par les lettrés de la caste sainte. Les musulmans, craignant que leur doctrine ne subît quelque altération par le contact de ces philosophies et de ces dogmes étrangers, cherchèrent à la manifester aussi au milieu des fidèles ; deux éditions du Coran, traduit en hindoustani, dont l'une accompagnée du texte arabe interlinéaire, ne tardèrent pas à être publiées par les soins de quelques mahométans instruits et désintéressés. Plusieurs d'entre les vrais croyants avaient consenti à travailler eux-mêmes aux versions du nouveau et de l'ancien Testament, et ce fut peut-être ce relâchement visible qui porta le *saïyid* Ahmad à entreprendre dans l'Inde la sévère réforme pour laquelle il est appelé *l'émir des fidèles*. Depuis lors surtout, et par le moyen plus rapide encore de la lithographie, les sectateurs du prophète, enflammés d'une nouvelle ardeur, se donnèrent le plaisir de mettre au jour des traités religieux, des catéchismes, des dialogues, dans lesquels le chrétien et le mahométan sont aux prises ; les arguments en faveur de l'islamisme sont si victorieusement posés, ou plutôt si faiblement combattus, que le Nazaréen reste assez souvent la bouche close. C'est quelque chose de divertissant que de lire, avec un *mounschi* (professeur) un peu exalté, ces textes, où le triomphe des doctrines de Mahomet se trouve complaisamment préparé d'avance.

Cependant de toute chose on peut tirer un enseignement ; en voyant ces petits livres éclos de nos jours sous la plume des moullahs, on comprend le rôle important que jouent les religions en Asie. Dans cette partie du monde, les esprits forts sont rares ; on n'y connaît pas non plus cette étrange manie, trop commune parmi nous, qui consiste à respecter et à défendre volontiers toutes les croyances, excepté celle dans laquelle nous avons été élevés. Le christianisme gagne nécessairement du terrain à mesure que les populations deviennent plus éclairées, et les conversions nombreuses opérées surtout par les missionnaires catholiques prouvent que, pour les habitants de l'Inde, le sentiment religieux est un besoin. Là, on veut à toute force croire et pratiquer quelque chose, mettre les actes de sa vie sous la protection d'une divinité quelconque. Le sentiment que nous signalons se conserve d'ailleurs plus vivace encore par la lutte et l'opposition des religions diverses qui se trouvent en présence depuis des siècles. En y regardant d'un peu près, on verrait dans l'époque actuelle surtout les symptômes d'un réveil subit, dont la presse a été la cause dominante. Habitués jadis à disserter dans d'énormes et prolixes ouvrages écrits patiemment au sein de la retraite, en compagnie de quelques disciples choisis, les Hindous des deux croyances n'ont pas acquis tout d'un coup la rapidité de style, la vivacité de diction qu'exige le journalisme, la lutte de chaque jour, l'escrime quotidienne par laquelle on s'exerce à de plus sérieux combats ; mais de temps à autre ils soulèvent et discutent des questions de doctrine et de dogme avec une énergie singulière, qui va jusqu'à la violence sous le *calame* un peu âpre des brahmanes. Derrière ces écrivains militants, placés pour ainsi dire en avant-garde et procédant à la manière européenne, viennent ceux qui, travaillant avec conscience, servent si bien les études orientales, tout en ne songeant qu'à servir la cause de leur religion, c'est-à-dire les érudits qui se livrent à la publication des livres sacrés de l'Asie. Par suite de ce mouvement ont reparu déjà multipliés par l'impression, soit dans la langue primitive, soit dans une traduction en langue moderne, un grand nombre de manuscrits que le temps menaçait de détruire ou au moins d'altérer prochainement.

Quoique nous nous bornions à parler ici de ce qui

touche l'Inde musulmane, il nous sera permis peut-être de jeter un coup-d'œil hors de notre cercle et de citer, comme exemples de cette renaissance si remarquable, les ouvrages assez nombreux qui sortent de la presse lithographique établie par les brahmanes eux-mêmes dans leur collège de Poonah, les belles éditions sanscrites menées à fin avec le secours de ces mêmes prêtres à Calcutta, et la publication récente en gouzarati et en anglais de la réfutation d'un mémoire, lu à Bombay par le docteur Wilson, touchant les dogmes de Zoroastre. Les attaques de ce savant indianiste ont enfin mis en rumeur les Parsis, jusqu'ici peu soucieux de défendre une doctrine à laquelle ils restent fidèlement attachés. Cette polémique amènera sans aucun doute la reproduction complète des textes qui traitent de la religion si peu connue des anciens Guèbres, et ce sera une richesse de plus que nous devrons à l'Inde, devenue la patrie des descendants des mages[3], qui, à peine sortis des montagnes de la Perse, virent bientôt reparaître autour d'eux leurs ennemis les musulmans.

En traçant ce rapide aperçu de l'histoire de la langue et de la littérature nées de l'invasion mahométane, notre but était d'attirer l'attention sur un idiome parlé par la population entière de l'Hindostan et par un assez grand nombre de familles de toutes les provinces, et de montrer que, depuis cinq siècles, il a été assez cultivé pour prendre rang parmi ceux de l'Asie malgré son origine bâtarde. Il a eu sur la langue ancienne de l'Inde la même influence que l'islamisme, dont il est l'organe, sur la religion primitive, représentée par le sanscrit ; on peut le regarder comme l'image d'un peuple composé désormais d'éléments bien divers, d'un pays où la mosquée lève ses minarets ornés du croissant parmi les pagodes chargées de statues monstrueuses. Bien qu'il ait sa place à la suite des idiomes appartenant à la famille musulmane, il se rattache encore à la véritable souche indienne, pareil en cela à la langue anglaise saxonne par ses racines et *romanisée* par la conquête normande. Survivant jusqu'au-delà du Gange à la dynastie des Mogols, il est un éclatant témoignage de l'établissement de la religion du prophète au sein et presque sur les ruines d'une croyance qui se perd dans la nuit des temps. C'est la voie par laquelle se sont répandues à travers un pays plein de légendes mystérieuses et sombres les traditions plus fraîches de la Perse et de l'Arabie ; c'est enfin le lien qui rattache l'Inde par tous les points aux célèbres et lointaines contrées que baignent le Nil et l'Euphrate.

Théodore Pavie.

---

1. Ce poète distingué passa plus de soixante ans à voyager et à écrire ; il visita plusieurs fois Delhi, fut fait prisonnier par les croisés et employé par eux aux fortifications de Tripoli de Syrie. La biographie de Saadi a été donnée, avec de curieux détails et un portrait fait dans l'Inde, par M. Garcin de Tassy, professeur à l'école des langues orientales, dans un remarquable article inséré au n° de janvier 1843 du *Journal Asiatique*. On trouve des renseignements nombreux et variés sur le sujet qui nous occupe dans un savant ouvrage du même professeur, intitulé *Histoire de la littérature hindoue et hindoustani*. Le premier volume, publié en 1839, renferme une nomenclature et une biographie succincte

de plus de sept cents écrivains classés par ordre alphabétique ; le second, qui doit paraître prochainement, contiendra de nombreux extraits des principaux ouvrages écrits dans les deux dialectes modernes de l'Inde.

2. La traduction de ce passage est empruntée à un savant ouvrage déjà cité, l'*Histoire de la littérature hindoue et hindoustani*, par M. Garcin de Tassy.

3. Les familles parsis, peu nombreuses, mais influentes par leur fortune, viennent de créer un fonds pour la publication d'ouvrages écrits en anglais, en langues orientales anciennes ou en gouzarati, qui est leur idiome moderne ; le plus riche de ces sectateurs de Zoroastre, sir Djamsetji, a souscrit à lui seul pour la somme de trois lacks de roupies (750,000 fr.).